TRAITÉ

DE

PERSPECTIVE PRATIQUE.

Imprimerie de Hennuyer et Turpin, rue Lemercier, 24
Batignolles.

TRAITÉ

DE

PERSPECTIVE

PRATIQUE

POUR DESSINER D'APRÈS NATURE

DÉDIÉ

A son élève de perspective et ami M. Watelet,

Chevalier de la Légion-d'Honneur,
Membre de la Société académique des Enfants d'Apollon, de la Société libre des Beaux-Arts.

PAR J. P. THÉNOT,

Peintre, et professeur de perspective, nommé premier candidat
pour la chaire de professeur de perspective à l'École royale des Beaux-Arts,
section de l'Institut;
professeur à l'Athénée royal de Paris, auteur de plusieurs ouvrages sur le dessin,
la peinture, la perspective et les beaux-arts.

QUATRIÈME ÉDITION

ENTIÈREMENT REVUE, CORRIGÉE ET CONSIDÉRABLEMENT AUGMENTÉE,

DE VINGT-HUIT PLANCHES GRAVÉES PAR BIBON.

La perspective est le timon de la peinture.
LÉONARD DE VINCI.

Elle rend autant de services au peintre que la boussole au pilote.
HAGEDORN.

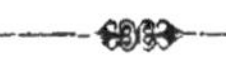

PARIS

CARILIAN-GOEURY ET Vve DALMONT,

LIBRAIRES DES CORPS ROYAUX DES PONTS ET CHAUSSÉES ET DES MINES,

QUAI DES AUGUSTINS, 39,

Et chez tous les libraires de France et de l'étranger.

1845

AVANT-PROPOS.

A l'époque où j'ai commencé à ouvrir des cours et à écrire sur la perspective, la plupart des amateurs ne connaissaient cette science que de nom; à l'exemple de la majeure partie des artistes eux-mêmes, ils en considéraient l'étude comme tellement difficile, qu'aucun d'eux n'osait l'entreprendre, à moins qu'il ne vînt à y être contraint par quelque nécessité. Alors la perspective, dont aujourd'hui on exige l'étude dès les premiers pas dans l'éducation artistique[1], était la partie de l'enseignement dont on s'occupait seulement en dernier lieu, et comme complément; encore ne l'apprenait-on que très-imparfaitement, attendu qu'il était passé en habitude de confier le tracé perspectif des tableaux à quelques professeurs de perspective, praticiens plus ou moins habiles.

Cependant, combien n'était pas vicieux cet usage de faire tracer la perspective par une main étrangère! D'abord, il était fort difficile à un perspectiviste de saisir et de rendre exactement ce que l'artiste avait pu concevoir; puis, outre ce grave inconvénient, quel n'était pas l'embarras de l'artiste quand il voulait, dans son tableau, soit ajouter de nouveaux objets à ceux déjà représentés, soit donner une nouvelle disposition à quelque partie qui ne lui semblait pas convenable! Presque toujours ces changements, ces additions jetaient du disparate dans le tableau.

La preuve incontestable de ce fait, c'est que, à part

[1] Voir dans l'*Introduction* la décision des professeurs de l'Académie des Beaux-Arts.

les beaux ouvrages de David, de Gérard, de Girodet, de Gros, de Guérin, de Lethière, et de quelques-uns des autres maîtres de cette époque célèbre, dont plusieurs sont encore existants, la plupart des productions des autres peintres renferment des fautes de perspective souvent grossières. Et même, plusieurs des chefs-d'œuvre dus aux grands artistes que je viens de citer ne sont pas tout à fait irréprochables sous ce rapport; certaines erreurs de perspective n'y seraient certainement pas si ces maîtres avaient fait eux-mêmes le tracé de leurs tableaux.

Ce qui surtout contribuait à éloigner les artistes de l'étude de la perspective, c'est qu'alors, malgré leur mérite incontestable, les cours et ouvrages ayant trait à cette matière étaient insuffisants pour la pratique de la peinture; que les opérations étaient toutes chargées de lignes; que les exemples étaient mal choisis, et surtout trop compliqués; que ces exemples présentaient des figures purement géométriques, sans aucune application réelle à la pratique des beaux-arts, à la représentation d'après nature.

Les arts sont redevables à Thibault de méthodes simples introduites dans la pratique de la perspective. Lors de son séjour à Rome, cet artiste eut le bonheur de découvrir sur divers dessins de grands maîtres des lignes d'opérations qui lui donnèrent à penser qu'ils avaient eu des procédés plus abréviatifs et plus rationnels que ceux que l'on enseignait. Dès lors il s'occupa avec ardeur de perfectionner la pratique de la perspective, et d'en modifier le plus possible les opérations; créateur de moyens ingénieux pour suppléer aux points de fuite placés hors du tableau, ou points inaccessibles, sa méthode pratique appliquée à la peinture est tellement supérieure à celle de ses devanciers, qu'elle ne peut leur être comparée.

Mais à Rome, Thibault ne fit toutes ses recherches

que je suis parvenu à trouver des exemples simples et des démonstrations faciles à saisir.

Mais ce qui surtout m'a initié dans la connaissance intime de la pratique, et m'a amené à simplifier beaucoup les opérations, c'est-à-dire à obtenir souvent, au moyen de moins de lignes, un résultat plus complet, c'est l'étude spéciale que j'ai faite, dans ce but, pendant dix ans, lorsque je traçais pour divers artistes la perspective de leurs tableaux. Je me trouvai nécessairement alors, plus que tout autre, dans le cas d'étudier et de perfectionner ce qui est utile aux différents genres, et à chacun en particulier.

Travaillant sans relâche à propager l'étude de la perspective dans toutes les classes de la société où l'on s'occupe, même par agrément, des arts du dessin, j'ai publié successivement, et je puis dire avec succès, cinq ouvrages sur la perspective, savoir :

1° en 1827, *Essai de perspective pratique*, un vol. in-8° de 48 planches, ouvrage *épuisé*, dont il a été fait, à New-York, en 1834, une traduction intitulée : *Practical perspective, for the use of students, translated from the french of J.-P. Thenot by one of his pupils;* 2° en 1829, *Cours de perspective pratique pour rectifier les compositions et dessins d'après nature*, un vol. in-4° de 66 planches, avec texte, ouvrage également *épuisé* et qui se rencontre rarement dans le commerce; 3° en 1834, *Traité de perspective pratique pour dessiner d'après nature*, un vol. in-8° de 24 planches, avec texte explicatif; volume réimprimé successivement en 1836 et 1839, et dont je publie aujourd'hui la 4e édition. La première édition de cet ouvrage a été traduite à Londres sous le titre de : *A complete scientific and popular treatise upon perspective, with the theories of reflection and shadows; by J.-P. Thenot; in-8°. London*, 1836. Cette traduction est augmentée d'une histoire de la perspective, par M. *A. W. Hakewill*, membre de la Société d'architecture de Londres, lequel a bien voulu s'y exprimer en termes très-flatteurs en faveur de ma méthode, qu'il regarde comme la plus simple et la plus digne de popularité; 4° en 1838, *Principes de perspective pratique*, un vol. in-8° de 16 planches, avec texte explicatif; 5° en 1839, *les règles de la perspective pratique*, mises à la portée de toutes les intelligences, un vol. in-8° de 8 planches, aussi avec texte explicatif.

Mais ce n'est pas à la publication de ces ouvrages que se bornent mes travaux sur la perspective. Par mes cours publics et mes leçons particulières, j'ai formé un grand nombre d'élèves, dont plusieurs professent actuellement ma méthode, tant en France qu'à l'étranger.

Sans parler des personnes de toutes classes et des gens du monde, je pourrais citer plus de dix-huit cents artistes connus ayant suivi mes cours. Parmi eux, ceux qui ont obtenu les suffrages du public sont : MM. Amiel, Atoch, Aubry-Lecomte, Auvray, Badin, Bardel, Berger, *professeur de perspective en Russie;* Bertin, Biard, Blanchard, Bodinier, Boilly, Bonnier, *fondateur d'une école de perspective à Lille;* F. Bouchot, Bouquet, Bourgeois, Brisset, Brune, Carron, Catoire, Chasselat, Chatillon, Ciceri, Colin, Corbillet, *Auguste* Couder (*de l'Institut*), Danvin, Debacq, Debez, Delaberge, Demahis, Demetz, Duchesne, Ducornet, Dupré, J. Dupré, Dupuis, Durupt, Elshoëct, Enfantin, Etex, Fauchery, Fleury, Fontallard, Franquelin, Gassies, Gavarni, Gaye, Gendron, Girard, Giraud, Girault-de-Prangey, Grévedon, Guiaud, Guyot, Hesse, Holfeld, Hussenot, *fondateur d'une école de perspective à Metz;* Husson, J. Jauvin, Joly, Jourdy, Ladurner, *premier peintre de l'empereur de Russie;* Langlois, Lanté, Lapito, Latil, Lecoq, Lecurieux, Lefranc, Lepaulle, Léopold-Robert, Lepoittevin, *X. et Léop.* Leprince, Lequeutre, Lequeux, Longuet, Maille, Marigny, Marquet, Marquis, Massé, Mauzaisse, Mielle, Montfort, Monvoisin, Mozin, Noel, Pernot, Prévost, Raffort, Raverat, Régnier, Revel, Robert-Fleury, Schmitz, Sigalon, Steuben, Tanneur, Thumeloup, Tripier-le-Franc, Van Oss, Vernet, Vidal, Villeneuve, Volpelière, Wachmut, Watelet, Wattier, Werner, etc., etc.

M. Schnorr, premier peintre de l'empereur d'Autriche, professe ma méthode à l'Académie impériale de Vienne.

Ainsi, depuis vingt ans, je me suis consacré tout entier à répandre la connaissance de la perspective, à en améliorer et faciliter l'étude, et à appliquer cette science aux diverses branches du dessin, soit artistique, soit industriel.

Heureux des succès que ma méthode a obtenus, encouragé par la bienveillance particulière avec laquelle ont été accueillis mes efforts et mes diverses publications, j'ai voulu rendre la présente édition de mon *Traité de perspective pratique* d'autant plus digne de la faveur du public. A cet effet, j'ai revu le texte tout entier, et on remarquera sans doute qu'il a reçu de nombreuses additions et améliorations. Les planches des éditions précédentes laissaient quelque chose à désirer : la gravure en a été confiée à l'un de nos plus habiles artistes, M. Hibon; de telle sorte que je crois pouvoir présenter cette 4e édition du *Traité de perspective pratique* comme étant bien supérieure aux précédentes sous le rapport de l'étendue, de la correction et de l'exécution.

INTRODUCTION.

L'utilité, disons mieux, l'indispensable nécessité de savoir la perspective pour pratiquer la peinture, ou pour occuper un rang, quel qu'il soit, dans les arts du dessin, est trop généralement reconnue pour que l'on ait à rappeler ici une vérité aussi bien établie. En effet, un grand talent, de grandes et rares qualités ont pu, chez quelques peintres anciens, racheter en partie les fautes de perspective plus ou moins graves qu'ils ont commises; mais de nos jours il n'est pas permis à des peintres médiocres, et encore moins à des artistes qui ont fait preuve de quelque mérite, d'ignorer les règles de l'art. Au reste, parmi les peintres anciens, on en compterait fort peu qui n'aient pas possédé à fond la perspective.

Les professeurs de l'Académie des beaux-arts ont eux-mêmes prouvé l'importance qu'ils attachaient à cette science, en décidant qu'à l'avenir on ne pourrait pas être admis, même au premier concours d'esquisses, sans avoir préalablement obtenu au moins une mention dans un concours de perspective.

En applaudissant à cette sage mesure, on peut ajouter sans crainte qu'elle est toute dans l'intérêt des élèves eux-mêmes, attendu que lorsqu'ils savent de bonne heure la perspective, ils s'épargnent, outre beaucoup de peines, de grandes pertes de temps.

Pour peindre ou pour dessiner, il est nécessaire de se rendre compte de tout; on devra donc faire des progrès plus rapides, si d'avance on sait par la perspective que telle ligne, ou tel édifice, doit être dans telle direction; que sa profondeur ne doit pas excéder tel point; que telles figures humaines ou tels objets quelconques ne doivent pas, en raison du plan où ils se trouvent, dépasser telle hauteur.

La perspective non-seulement donne la direction, la hauteur, la largeur, la profondeur et la forme apparente des contours de tous les objets, mais encore elle détermine la direction et la forme des ombres, la réflection ou mirage des objets sur l'eau, les glaces, etc.

On doit aisément comprendre que lorsqu'on possède ces connaissances, on peut marcher avec assurance et atteindre promptement le but.

La perspective se compose de deux parties : l'une, d'opération, s'exécute avec la règle et le compas; l'autre est toute de sentiment : c'est le résultat du savoir et de l'expérience. Quiconque possède la première arrivera naturellement à connaître la seconde.

La perspective est aussi nécessaire pour celui qui compose un tableau ou un dessin, que pour celui qui dessine d'après nature. Pour composer, il faut être sûr de la forme des objets que l'on veut créer, il faut connaître leurs rapports entre eux, et savoir les disposer le plus avantageusement possible. Mais pour dessiner d'après nature, il ne s'agit que de savoir copier ce qui se trouve devant soi, en exécutant toutefois par raisonnement et par principes; dans ce cas, les règles sont très-peu compliquées et les opérations deviennent faciles.

Je vais m'attacher à donner, par des démonstrations courtes et simples, les moyens de dessiner perspectivement d'après nature.

TRAITÉ
DE
PERSPECTIVE PRATIQUE.

PLANCHE I.

Cette planche, qui sert de frontispice, représente la vue perspective d'un aqueduc et de sa réflection sur la surface de l'eau. Nous aurons à y revenir après avoir exposé les règles et principes dont elle donne l'application.

PLANCHE II.

Des objets nécessaires à l'étude de la perspective.

Lorsqu'on étudie le dessin proprement dit, on doit représenter tout à vue d'œil, sans le secours de la règle et du compas; mais pour apprendre et opérer le tracé perspectif, l'usage de ces deux instruments est permis, de même que celui de plusieurs autres, dont je vais donner le nom et la description.

Il faut une *règle* et une *équerre* bien justes, afin que les lignes qu'elles servent à tracer soient absolument droites, et que si elles sont perpendiculaires l'une à l'autre, elles forment l'angle droit parfait, conditions importantes dans le tracé d'un tableau.

La règle et l'équerre doivent être très-minces, ce qui les rend préférables pour le tracé des lignes.

La rectitude de la règle et de l'équerre étant de première nécessité, voici de quelle manière on devra la vérifier. Pour s'assurer de la bonté de la règle, on trace sur du papier, avec cette règle, une ligne droite aussi juste que possible; sur cette ligne elle-même se fait la vérification, en retournant bout à bout sa règle, que l'on a eu soin de maintenir du côté de l'arête qui a servi à tracer, puis en l'appliquant, ainsi retournée, sur la ligne tracée. Si dans cette nouvelle position la règle et la ligne coïncident sans aucune déviation ni interruption, la règle est parfaitement droite.

L'équerre sera juste si les deux arêtes qui sont perpendiculaires l'une à l'autre donnent un angle droit parfait. Pour la vérifier, on plie une feuille de papier en deux, de manière que la ligne qu'elle forme soit parfaitement droite; puis on la replie en deux, de telle sorte que la ligne droite formée par le premier pli se trouve repliée sur elle-même et se recouvre avec la plus grande justesse. Ce papier, ainsi plié en quatre, forme l'angle droit parfait et une équerre parfaite.

Le *compas* doit posséder plusieurs branches de rechange. L'une est tout à fait semblable à la branche immobile, et sert à prendre les plus petites mesures; une autre, qui est la plus utile, contient un crayon servant à tracer tous les cercles et arcs de cercle; avec la troisième, que l'on désigne sous le nom de *branche tire-ligne*, on passe le tracé à l'encre; enfin il y a une quatrième branche, qui s'adapte à volonté entre le compas et les branches de rechange, et qui permet de décrire de très-grands cercles.

Comme on peut faire de faux traits, il faut un morceau de *gomme élastique* bien souple pour les effacer; un *crayon* de mine de plomb qui soit assez ferme, de ceux que les marchands désignent sous le nom de *ligne* n° 3 : il importe peu de quelle fabrique il sorte, pourvu que sa mine ne soit pas mélangée de pierrailles. Il faut un *canif* qui coupe bien, afin de tailler le crayon avec facilité.

Un des objets les plus importants à se procurer, est un *preneur d'angle*. Il est formé par deux règles, de même longueur et de même largeur, fixées ensemble à l'une de leurs extrémités par une vis qui permet à ses côtés de s'ouvrir et de se fermer à volonté; à l'aide de cet instrument on obtient tous les angles possibles, attendu que la grandeur d'un angle ne dépend pas de la longueur de ses côtés, mais de leur écartement.

J'ai représenté un preneur d'angle pl. II, fig. 23; il faut que chacun de ses côtés soit d'une longueur de six à huit pouces sur un de large; comme la règle et l'équerre, il doit avoir peu d'épaisseur.

Avant de passer à l'étude du tracé perspectif des monuments, fabriques, et généralement des objets qui entrent journellement dans la disposition et la composition des tableaux, il est de toute nécessité de connaître la définition des figures les plus usitées de la géométrie.

On désigne sous le nom de *solide* ou de *corps* tout ce qui réunit les trois dimensions de l'étendue, la largeur, la hauteur et la profondeur. Effectivement, pour être et avoir de la solidité, il faut qu'une figure soit large, haute et profonde. Les solides sont formés, sont entourés par des surfaces.

On nomme *surface* tout ce qui, ayant seulement largeur et longueur, n'a pas d'épaisseur; car si une telle figure avait une épaisseur, elle serait un corps solide; si les surfaces forment les corps solides, à leur tour elles sont entourées, limitées par des *lignes*, et les lignes le sont par des *points*.

Du point et des lignes.

Le *point*, considéré géométriquement, est un *infiniment petit*, qui n'a ni longueur, ni largeur, ni épaisseur. Mais les artistes sont obligés, dans le tracé de leurs tableaux, de se servir de figures visibles; ils ont donc adopté et désigné sous le nom de *point* une figure telle que celle représentée fig. 1.

Fig. 2. La *ligne* est une longueur sans largeur ni épaisseur : suite de points, ses extrémités s'appellent *points*.

Fig. 3. On appelle aussi *point* l'endroit où deux lignes se rencontrent. Ce point commun à deux ou plusieurs lignes est le *point de rencontre* ou *d'intersection*.

Il y a plusieurs sortes de lignes; savoir, la *ligne droite*, la *ligne brisée*, la *ligne courbe* et la *ligne mixte*.

Fig. 2. La *ligne droite* est la plus courte distance d'un point à l'autre.

Fig. 4. La *ligne brisée* est une ligne non interrompue composée de lignes droites.

Fig. 5. La *ligne courbe* n'est ni droite ni composée de lignes droites; c'est une suite de points qui ne sont pas dans la même direction.

Fig. 6. La *ligne mixte* est un composé de lignes droites et de lignes courbes.

Fig. 10. Si l'on suspend un plomb à l'extrémité d'un fil, lorsque ce fil sera tendu et immobile, il représentera une *ligne verticale* et en même temps une *ligne droite* parfaite. Si l'on place un second fil à plomb, ou pour mieux dire une seconde ligne verticale, nécessairement ces deux lignes auront d'un bout à l'autre le même écartement entre elles, et on les désignera alors sous le nom de *lignes parallèles*. Fig. 7. On nomme donc *lignes parallèles* des lignes placées dans la même direction, qui conservent toujours le même espace entre elles, et conséquemment ne peuvent jamais se rencontrer, à quelque distance qu'on les prolonge.

Des angles.

Un *angle* est l'espace indéterminé compris entre deux lignes qui se coupent ou qui se joignent en un point.

Le point de rencontre est le *sommet de l'angle*, et les lignes qui forment cet angle en sont *les côtés*. L'*ouverture de l'angle* est l'espace contenu entre les côtés de l'angle.

Fig. 8 et 9. La lettre placée au sommet de l'angle sert à le dénommer; ainsi on dirait l'angle A, l'angle B.

Fig. 8. Lorsque plusieurs angles se touchent au sommet, on les désigne par trois lettres, ayant soin d'énoncer la lettre du sommet entre les deux autres; ainsi on dit l'angle EAC, l'angle CAD.

Fig. 8 et 9. La grandeur de l'angle ne dépend pas de la longueur de ses côtés, mais de leur écartement. Exemple : l'angle EAD est plus grand que l'angle IBK.

Suivant la grandeur de leur ouverture, les angles se désignent sous trois noms différents : *angle droit*, *angle aigu*, *angle obtus*.

L'*angle droit* est formé par deux lignes perpendiculaires l'une à l'autre; ainsi l'angle EAC est un angle droit.

Fig. 12. Une ligne est *perpendiculaire* à une autre lorsqu'elle la rencontre sans pencher plus d'un côté que de l'autre; la perpendiculaire est donc le plus court chemin d'un point à une ligne.

Remarque. — Il ne faut pas confondre *perpendiculaire* avec *verticale;* une ligne ne peut être perpendiculaire que lorsqu'une autre ligne fait angle droit avec elle, tandis que la verticale n'a pas besoin d'autre ligne : c'est l'aplomb parfait.

Tous les angles droits sont égaux.

Fig. 8. Tout angle EAD, qui est plus grand que l'angle droit EAC, est un *angle obtus*.

Fig. 9. Tout angle MBK, plus petit que l'angle droit IBK, est un angle aigu. Par conséquent, il peut y avoir une immense quantité d'angles obtus et d'angles aigus, puisqu'un peu plus ou un peu moins que la grandeur de l'angle droit met un angle dans l'une ou l'autre de ces catégories, et que l'ouverture de ces angles peut varier à l'infini.

Deux angles sont égaux quand ils ont la même ouverture.

Toute ligne qui fait angle droit avec une ligne verticale est une ligne placée *horizontalement.*

Tout en conservant invariablement la même position, les lignes placées horizontalement peuvent avoir diverses directions.

Des surfaces.

On appelle *surface* une étendue en longueur et largeur, sans hauteur ou épaisseur.

La *surface plane* est celle sur laquelle peut s'appliquer une règle dans tous les sens.

Le *plan* est une surface plane.

Toute surface qui n'est ni plane ni composée de surfaces planes est une *surface courbe*.

Des polygones, triangles et quadrilatères.

On appelle *polygone* ou *figure rectiligne* toute figure ou surface formée par un nombre quelconque de lignes droites qui se coupent. Tout polygone tire son nom du nombre de ses côtés.

Le polygone de trois côtés est le plus simple de tous, il s'appelle *triangle;* celui de quatre côtés s'appelle *quadrilatère;* celui de cinq, *pentagone;* celui de six, *hexagone;* celui de sept, *heptagone;* celui de huit, *octogone;* celui de neuf, *ennéagone;* celui de dix, *décagone*, etc.

Il y a plusieurs sortes de triangles, le *triangle équilatéral*, le *triangle isocèle*, le *triangle scalène* et le *triangle rectangle*.

Fig. 13. Le *triangle équilatéral* a ses trois côtés égaux.

Fig. 14. Le *triangle isocèle* a seulement deux côtés égaux.

Le *triangle scalène* a ses trois côtés inégaux.

Le *triangle rectangle* est celui qui a un angle droit; le côté opposé à l'angle droit s'appelle *hypoténuse;* l'équerre (fig. 19) représente un triangle rectangle.

Parmi les quadrilatères on distingue le *carré*, le *losange*, le *rectangle*, le *parallélogramme* et le *trapèze*.

Fig. 15. Le *carré* a ses quatre côtés égaux et ses quatre angles droits.

Le *losange* a les quatre côtés égaux sans avoir les angles droits; ses angles opposés sont égaux.

Fig. 16. Le *rectangle* a les côtés opposés égaux et les angles droits.

Le *parallélogramme* ou *rhombe* a les côtés opposés égaux et parallèles, sans avoir les angles droits.

Le *trapèze* a seulement deux côtés égaux; les deux autres sont parallèles.

Fig. 16. La *diagonale* est une ligne droite qui joint les sommets de deux angles non adjacents. Lorsque l'on veut obtenir le milieu d'un carré, d'un losange ou d'un rectangle, il suffit de mener leurs diagonales; la rencontre de ces diagonales donne le milieu au point central.

Du cercle.

Fig. 17. Le cercle est une surface ronde qui a longueur et largeur, et qui, comme toutes les surfaces, n'a aucune épaisseur. Il est terminé, limité par une ligne courbe que l'on désigne sous le nom de *circonférence du cercle.*

La *circonférence du cercle* est une ligne courbe dont tous les points sont également distants d'un point intérieur qu'on appelle le *centre*.

Le *rayon* est une ligne droite menée du centre à un point quelconque de la circonférence, tel que CA, CD, CB, etc.

Tous les rayons du même cercle sont égaux.

Le *diamètre* est une ligne droite qui, passant par le centre, se termine à deux points opposés de la circonférence, comme AB, et la divise en deux parties égales.

Tous les diamètres d'un même cercle sont égaux, et doubles des rayons.

Si l'on mène une ligne droite GK joignant deux points de la circonférence, sans passer par le centre, cette ligne est une corde, et la portion GJK de la circonférence coupée par cette corde, est un *arc de cercle.*

Tout rayon mené perpendiculairement à une corde divise cette corde et son arc en deux portions égales.

Le diamètre est la plus grande corde qu'on puisse mener dans un cercle.

La *sécante* est une ligne droite qui traverse le cercle et coupe la circonférence en deux points, comme EH.

La *tangente* est une ligne droite hors du cercle et qui ne peut toucher la circonférence qu'en un seul point, comme en M, qu'on appelle *point de contact.*

Fig. 18. On appelle *figure inscrite* celle dont tous les angles ont leurs sommets à la circonférence d'un cercle; ainsi le carré ABED est une figure inscrite. En même temps on dit que le cercle est *circonscrit* à cette figure.

Un polygone est circonscrit à un cercle lorsque tous ses côtés sont des tangentes à la circonférence; dans ce cas on dit que le cercle est inscrit dans le polygone.

Des solides.

On appelle *solide* ou *corps* tout ce qui réunit les trois dimensions de l'étendue, la longueur, la largeur et la hauteur ou épaisseur.

Les solides sont formés par des surfaces.

L'intersection commune de deux faces adjacentes d'un solide s'appelle *côté* ou *arête* du solide.

Le *cube* est un solide formé par six carrés égaux.

Le *prisme* est formé par des rectangles ayant pour base un polygone quelconque.

La *base d'un solide* est la face sur laquelle il repose.

Le *cylindre* est un prisme dont la base est un cercle.

La *pyramide* est formée par des triangles ayant pour base un polygone quelconque.

Le *cône* est une pyramide dont la base est un cercle.

La *sphère* est un solide terminé par une surface courbe dont tous les points sont également distants d'un point intérieur appelé *centre.*

Ces définitions étant suffisantes pour la pratique de la peinture, je passe au tracé des figures. Cette planche doit être étudiée avec soin, car les opérations qu'elle contient se retrouveront continuellement dans le courant de cet ouvrage.

Pour diviser une ligne droite en deux parties égales.

Fig. 11. Soit AB la ligne donnée.

Ouvrir son compas plus grand que la moitié de la ligne AB, placer une des pointes au point A, puis décrire un arc de cercle d'une grandeur indéfinie; ensuite placer la même pointe au point B, et, de la même ouverture de compas (c'est-à-dire sans l'avoir ni rouvert ni refermé), décrire un second arc de cercle et le prolonger jusqu'à la rencontre du premier, ce qui donne les points CD; enfin, joindre ces points par une ligne droite; celle-ci divise la ligne AB en deux parties égales.

On se sert de cette opération pour élever une perpendiculaire au milieu d'une ligne donnée.

Quand la ligne à diviser est très-grande, que l'on ne peut le faire au compas, on prend un fil, on lui détermine la même longueur qu'à cette ligne, puis, le pliant en deux, on obtient le milieu de la ligne donnée.

Ce moyen est suffisant pour la pratique de la peinture.

Remarque. — Quand je dis : d'un point comme centre, et d'un rayon égal à telle ligne, ou plus grand que la moitié de cette ligne, cela revient au même que si je disais : d'un point comme centre, et d'une ouverture de compas égale à telle ligne, etc.

Pour élever ou abaisser des perpendiculaires à une ligne donnée.

Fig. 19. Soit AB la ligne donnée.

Placer une règle tout près et presque sur la ligne AB, tenir cette règle immobile, puis faire glisser le long de cette règle le petit côté de l'angle droit de l'équerre; l'autre côté de l'angle droit servira à tracer autant de perpendiculaires que l'on voudra.

Pour mener des parallèles à une ligne donnée.

Fig. 20. Soit AB la ligne donnée.

Placer l'équerre de manière que le plus long côté de l'angle droit soit tout près et touche pour ainsi dire la ligne AB, appliquer une règle contre le côté opposé de l'équerre, et tenir cette règle immobile; en faisant glisser l'équerre le long de la règle, on mènera autant de parallèles que l'on voudra.

Pour diviser une ligne en un nombre quelconque de parties égales.

Fig. 21. Soit AB la ligne que l'on veut diviser en parties égales, en trois, par exemple.

Du point A mener une ligne indéfinie AC formant un angle quelconque avec AB; d'une ouverture de compas prise à volonté porter sur AC, à partir du point A, trois grandeurs égales D, E, I; joindre le point de la dernière division I avec le point B, extrémité de la ligne donnée; puis des points E, D, mener des parallèles à I, B : elles diviseront la ligne AB en trois parties égales.

Pour diviser une ligne en parties proportionnelles.

Fig. 22. Soit MB la ligne donnée, on propose de la diviser en sept parties proportionnelles aux grandeurs RN, NO.

Du point M menez une ligne indéfinie MC, formant un angle quelconque avec MB; prenez la grandeur ON et reportez-la de M en E; prenez aussi la grandeur NR, et reportez-la de E en G; ouvrez le compas de la grandeur MG, plaçant une de ses pointes au point E, l'autre donne le point H; plaçant de même cette pointe au point G, l'autre donne le point I, etc.; on obtient de même les points J, K, L, etc. Par ce moyen on n'a pas besoin d'ouvrir et de fermer le compas pour chaque division. Ces points obtenus, joignez le point L, dernière division, avec le point B, extrémité de la ligne donnée; puis des points K, J, I, H, G, E, menez des parallèles à LB : elles diviseront MB en sept parties proportionnelles aux grandeurs données RN, NO, etc.

Pour obtenir un angle égal à un angle donné.

Fig. 23. L'angle A étant donné, on propose d'en tracer un autre ayant une même ouverture à l'extrémité D de la ligne DE.

Des points A et D comme centres, et d'un même rayon pris à volonté, décrire deux arcs de cercle BC, EF; prendre la grandeur de l'arc BC et la rapporter de E en F, joindre les points DF, et l'angle EDF est égal à l'angle BAC.

On peut obtenir le même résultat en se servant du preneur d'angles. Pour cela, on place un de ses côtés tout près et pour ainsi dire touchant la ligne BA, puis on ouvre ce preneur d'angles jusqu'à ce que son autre côté recouvre juste la ligne AC; reporter le preneur d'angles de manière que l'un de ses côtés soit tout près de la ligne ED, le point D étant correspondant au point A; alors on pourra tracer la ligne DF, qui formera l'angle EDF et le déterminera égal à l'angle BAC. Ce moyen peut aussi servir à mener une ligne oblique DF, parallèle à une oblique AC.

Diviser un angle en deux angles égaux.

Fig. 24. Soit l'angle A que l'on veut diviser.

Du point A comme centre, et d'un rayon pris à volonté, décrire l'arc BC; des points B et C comme centres, et d'un même rayon, décrire deux arcs qui se coupent en E, joindre les points AE par une ligne qui divisera l'angle BAC en deux angles égaux.

Un côté étant donné, construire un triangle équilatéral.

Fig. 13. Soit AB le côté donné.

Des points A et B comme centres, et d'un rayon égal à AB, décrire deux arcs qui se coupent en C, et mener les lignes AC, BC; le triangle ABC sera un triangle équilatéral.

Pour construire un triangle isocèle, les deux grandeurs des côtés étant données.

Fig. 14. Soit donnée la ligne MN pour longueur du plus petit côté, et MO grandeur des deux côtés égaux.

Des points M, N comme centres, et d'un rayon égal à MO, décrire deux arcs de cercles qui se coupent en O; joindre ce point avec les points M, N, et on aura obtenu le triangle isocèle.

Pour construire un carré sur un côté donné.

Fig. 15. Soit RV le côté donné.

Des points R et V, base du carré, élever des perpendiculaires indéfinies par le moyen de la règle et de l'équerre, ainsi qu'on l'a vu page 11, fig. 19. Puis, des mêmes points R et V comme centres, et d'un rayon égal à leur écartement, décrire deux arcs de cercle; leur rencontre avec les perpendiculaires donne les points T, X, que l'on joindra par une ligne droite; le carré est complétement construit.

Construire un rectangle, deux côtés étant donnés.

Fig. 16. Soient AC et AB les deux côtés donnés.

Du point C, élever une perpendiculaire, prendre la grandeur AB et la reporter de C en D, puis joindre les points B, D, et le rectangle est complet.

Mais si les lignes données étaient isolées l'une de l'autre, des points A et C on élèverait des perpendiculaires, etc.

Pour déterminer la surface d'un petit tableau proportionnellement à celle d'un grand tableau donné, la largeur du petit tableau étant aussi donnée.

Fig. 25 et 26. Soit ABCD le grand tableau, et KLNM le petit.

Mener la diagonale DB, prendre le côté donné, la largeur KL, du petit tableau, et le reporter de D en E; du point E élevant une perpendiculaire jusqu'à la rencontre de la diagonale, on aura le point H; la grandeur EH est la hauteur du petit tableau.

Donc, pour diminuer le petit tableau, il faut reporter la hauteur EH de K en P et de L en R; les opints PR étant joints, on a la surface KLRP, qui est dans les proportions de celle du grand tableau.

Cette opération est d'un grand secours pour les cas de réductions; la grande justesse qu'il faut de rigueur obtenir, ne peut avoir lieu si le petit tableau n'est pas parfaitement en proportion avec le grand.

Une esquisse faite sur une petite toile étant terminée, on propose de la reporter sur une grande.

Fig. 27. Soit DEHL la surface de la petite toile sur laquelle on a fait une esquisse d'après nature; DC est la grandeur de la base de la grande toile; il faut trouver sa hauteur.

Prolonger indéfiniment la base du petit tableau, ou pour mieux dire son côté DE, reporter la grandeur donnée du grand tableau de D en C, ce qui donne le point C; de ce point élever une perpendiculaire indéfinie, mener DH diagonale du petit tableau et la prolonger jusqu'à la rencontre de la perpendiculaire élevée de C, ce qui donne le point O; la ligne CO est la hauteur de la grande toile ou autrement dit du grand tableau.

Cette opération s'exécute en général par terre. On couche horizontalement le petit tableau; puis, avec du blanc, on trace sur le parquet la ligne EC, prolongement de la ligne DE; on trace la diagonale DO, ayant bien soin de la faire passer par le point H, et puis on élève la perpendiculaire CO, etc.

Lorsqu'on a une ligne droite à tracer d'une longueur telle que pour cet effet on ne peut se servir d'une règle, on emploie une ficelle que l'on frotte de blanc. Deux personnes tenant cette ficelle la placent aux deux points extrêmes de la ligne droite, et la tendent le plus fortement qu'elles peuvent; alors l'une de ces personnes, saisissant la corde du bout des doigts, l'élève le plus possible, puis la laisse échapper; en frappant avec force, la ficelle trace une ligne droite.

Lorsque l'on a des lignes à tracer sur un tableau, ce moyen est préférable à l'emploi d'un crayon blanc, qui peut contenir de petites parcelles de pierre et rayer le tableau.

Pour inscrire un carré dans un cercle.

Fig. 18. Mener deux diamètres perpendiculaires l'un à l'autre, leur rencontre avec la circonférence du cercle donne les points A, B, E, D; joindre ces points par des lignes droites, elles formeront un carré.

Pour inscrire un cercle dans un carré.

Fig. 18. Mener les diagonales du carré BD, AE; de leur rencontre C abaisser une perpendiculaire sur le côté AB, ce qui donne F; la ligne CF est un rayon du cercle que l'on veut inscrire; alors du point C comme centre, et d'une ouverture de compas égale au rayon CF, décrire le cercle.

Pour circonscrire un cercle à un carré.

Fig. 18. Mener les diagonales BD, AE, leur rencontre donne le point C, centre du cercle; CA, CB, etc., sont des rayons; décrire le cercle autour du carré.

Pour diviser un cercle en quatre parties égales.

Fig. 18. Mener deux diamètres se coupant à angle droit, ils diviseront le cercle et sa circonférence en quatre parties parfaitement égales.

Pour diviser un cercle ou sa circonférence en huit parties égales.

Fig. 18. Après avoir divisé le cercle en quatre parties égales, diviser en deux les angles que forment ces diamètres, et le cercle se trouvera divisé en huit parties égales; redivisant encore les angles en deux, on obtiendra le nombre seize, puis trente-deux, etc.

Pour construire un pentagone dans un cercle donné, ou pour diviser un cercle en cinq parties égales.

Fig. 28. Diviser le cercle en quatre parties égales au moyen de deux diamètres AB, IX, qui se coupent à angles droits; diviser le rayon OB en deux parties égales; puis, de son milieu C, et d'une ouverture de compas égale à CX, décrire un arc de cercle XH; alors, de X comme centre, et d'un rayon égal à l'arc XH, décrire un nouvel arc HD, ce qui donne le point D : la portion DX de la circonférence du cercle donné en est juste la cinquième partie. Donc, si l'on prend cette longueur DX et qu'on la reporte successivement sur la circonférence du cercle de D en P, de P en L, de L en U et de U en X, cette circonférence se trouvera divisée en cinq parties et formera un pentagone régulier.

Sur un côté donné, construire un pentagone.

Fig. 29. Soit MN le côté donné.

Pour construire ce pentagone, il faut, de rigueur, en établir un à part, comme le pentagone de la fig. 28, c'est-à-dire tracer un cercle et diviser sa circonférence en cinq parties égales. Il faut suivre l'opération sur ces deux figures 28 et 29.

Des points M et N comme centres, et d'un même rayon

pris à volonté, décrire les arcs de cercle EK, GF; puis, de la même ouverture de compas, décrire des points L et P comme centres, les arcs de cercle RY, SJ; ceci fait, prendre la grandeur de l'ouverture des angles RLY, SPJ, ou, pour mieux dire, celle des arcs RY, SJ, qui est la même, et la reporter sur les arcs EK, GF, ce qui détermine les points K, F; si des points NK, MF, on fait passer des lignes droites, on aura les angles ENK, GMF, dont l'ouverture est égale à l'ouverture des angles RLY, SPJ, c'est-à-dire que ces quatre angles ont tous la même ouverture. Alors, prenant la grandeur du côté donné MN et la reportant sur les lignes NK, MF, on détermine leur longueur aux points Q, V. Ces trois côtés étant déterminés, pour trouver les deux autres il faut seulement, des points Q et V comme centres, et d'une ouverture de compas égale au côté donné MN, décrire deux arcs de cercle qui se coupent en T; joindre les points QT, TV, et le pentagone est terminé.

Remarque. Un pentagone régulier a tous ses angles de même grandeur, c'est-à-dire ayant la même ouverture, de même que ses côtés sont égaux en longueur; tous les pentagones réguliers, quelle que soit la longueur de leur côté, ont donc les angles de la même ouverture; il résulte de cette disposition que toutes les fois que l'on voudra établir un pentagone sur un côté donné, il faudra établir aux extrémités de ce côté donné des angles ayant même ouverture que ceux d'un pentagone que l'on trace par le moyen indiqué page 17, fig. 28.

Pour vérifier l'exactitude d'un pentagone construit d'après un côté donné.

Fig. 29. Soit MNQTV le pentagone trouvé.

Il faut diviser en deux angles égaux, avec le plus

grand soin, les angles MNQ, NMV; les lignes qui divisent ces angles doivent à leur rencontre donner un point Z; de ce point, qui est le centre du pentagone, et d'un rayon égal à ZM, décrire un cercle qui doit passer exactement par les points N, Q, T, V; c'est la preuve de l'exactitude de l'opération qui a servi à tracer le pentagone.

Pour diviser la circonférence d'un cercle en dix parties égales.

Fig. 28. Le pentagone PLUXD étant trouvé, diviser chacun de ses côtés en deux parties égales. Le côté PL du pentagone fera les deux côtés LI et IP du décagone. Opérant de même pour les autres côtés, on obtiendra la division en dix, ou, autrement dit, on obtiendra un décagone.

Pour diviser la circonférence d'un cercle en six parties égales.

Fig. 30. Comme tout rayon d'un cercle est le sixième de la circonférence, on divisera toute circonférence en six au moyen du rayon.

Construire un hexagone, un côté étant donné.

Fig. 30. Soit AB le côté donné.

Des points A et B comme centres, et d'un rayon égal à leur écartement, décrire deux arcs de cercle, donnant le point C; de ce point comme centre, et du même rayon, décrire un cercle; le côté AB sera contenu six fois dans la circonférence de ce cercle.

Construire un octogone, un côté étant donné.

Fig. 31. Soit AB le côté donné.

Des points A et B comme centres, et d'un rayon égal à

sur la perspective que dans un but personnel, celui de se perfectionner et de se créer des moyens pratiques pour exécuter ses tableaux.

Appelé, vers la fin de sa carrière, à la chaire de perspective de l'École royale des Beaux-Arts, n'étant pas particulièrement préparé au professorat, ses démonstrations ne furent pas toujours à la portée de ceux qui commençaient l'étude de la perspective; aussi ses cours n'étaient-ils guère suivis que par ceux qui, sachant déjà, désiraient ajouter à leurs connaissances acquises celle de procédés nouveaux plus simples et plus pratiques.

Un cours élémentaire qui pût servir d'introduction aux leçons faites par ce savant professeur, étant devenu indispensable, je conçus, dans l'intérêt des personnes qui se livrent à l'étude des arts, le projet d'ouvrir ce cours. (Qu'il me soit permis de rendre ici à M. Thibault l'hommage public de ma reconnaissance), je ne me décidai à professer qu'après y avoir été engagé et aidé par ses conseils et son amitié. Il voulut bien, à cet effet, me seconder d'une manière efficace, au point que c'est sur sa demande obligeante que, lors de l'ouverture de mon premier cours, l'École royale des Beaux-Arts mit à ma disposition tous les instruments nécessaires au tracé et à la démonstration, dont il se servait lui-même pour ses leçons.

C'est aux nombreux auditeurs qui ont successivement suivi mes cours, à des camarades d'abord, étudiant comme moi le dessin et la peinture à l'École royale des Beaux-Arts; puis, plus tard, à des hommes de talent déjà remarquables, dont plusieurs même étaient chefs d'école, et qui m'ont tour à tour éclairé sur les besoins des artistes, que je dois la clarté et les améliorations pratiques que j'ai introduites dans mes leçons et dans mes divers écrits; c'est à force de travailler à leur rendre moins pénible l'étude de la perspective, leur écartement, décrire deux arcs de cercle, donnant le point C; diviser l'arc AC en six parties égales, prendre deux divisions et les reporter à partir du point C au point D; du point D comme centre, et d'un rayon égal à DA, décrire un cercle; la ligne AB doit être contenue huit fois dans ce cercle.

Remarque. Si l'on avait reporté trois divisions, on aurait eu le centre d'un cercle dans lequel la ligne AB aurait été contenue neuf fois. Si l'on avait reporté quatre divisions, on aurait eu le centre d'un cercle dans lequel la ligne AB aurait été contenue dix fois, et ainsi de suite.

Pour retrouver le centre d'un cercle.

Fig. 32. Prendre à volonté sur la circonférence les points A, B, O, joindre ces points par les lignes AB, BO, diviser la ligne AB en deux parties égales, par la ligne FG; prolonger cette ligne indéfiniment; ensuite diviser la ligne BO en deux parties égales, par la ligne ED; la rencontre de cette ligne avec la ligne FG donne le point C, qui est le centre du cercle donné.

Cette opération peut aussi servir à trouver le centre d'un arc de cercle, et à faire passer un arc de cercle ou un cercle par trois points donnés.

La largeur et la hauteur d'un arc de cercle étant données, le décrire.

Fig. 33. Soient AO la largeur, et XB le hauteur données. Diviser la ligne AO, corde de l'arc, en deux parties égales, ce qui donne le point X; reporter sur une perpendiculaire élevée de ce point, XB hauteur de l'arc; puis mener les lignes AB, BO, que l'on divisera en deux parties égales, comme à la figure précédente, par les lignes FG et ED. Le prolongement de ces deux lignes détermine le centre C, duquel on doit décrire l'arc ABO.

Pour décrire une ogive dont la hauteur est égale à la largeur.

Fig. 13. Soit donné AB pour largeur de l'ogive.

Des points A, B comme centres, et d'une ouverture de compas égale à la grandeur de cette ligne, décrire deux arcs de cercle; la rencontre de ces arcs donne le point C et termine l'ogive.

Pour décrire une ogive dont la hauteur excède la largeur.

Fig. 34. Soit MN la largeur de l'ogive, et PX la hauteur.

Joindre les points MP par une ligne droite, et diviser cette ligne en deux parties égales par une perpendiculaire, se rencontrant avec le prolongement de la ligne MN, au point Z; de ce point comme centre, et d'un rayon égal à ZM, décrire l'arc ou côté de l'ogive MP; reporter ensuite la grandeur MZ en NR; du centre R, on décrira l'arc PN, dernier côté de l'ogive.

Par un point donné sur la circonférence d'un cercle, mener une tangente à ce cercle.

Fig. 35. Soit A le point donné.

Du point C, centre du cercle, et par le point A, faire passer une ligne indéfinie; prendre la grandeur du rayon CA et la reporter de A en B; des points C et B comme centres, et d'un rayon plus grand que la moitié de cette ligne, décrire deux arcs qui se coupent en D et E; en joignant ces points par une ligne droite, on aura la tangente au cercle par le point donné.

Un cercle étant donné ainsi qu'une ligne qui lui est tangente, trouver le point de contact.

Fig. 35. Du point C, centre du cercle, et d'une ouverture de compas plus grande qu'un rayon du cercle, décrire un arc de cercle qui, à la rencontre de la tangente, donne les points X, V; de ces points, et de la même ouverture de compas, décrire deux arcs qui donnent le point Z; joindre ce point avec le point C par une ligne droite, qui donne le point de contact au point O.

Construire une ellipse, sa longueur et sa largeur étant données.

Fig. 36. Soit AB la longueur, et CD la largeur de l'ellipse, c'est-à-dire le plus grand et le plus petit diamètre.

Prendre CE, moitié de CD, et reporter cette grandeur de A en O; diviser en trois parties égales OE, différence des deux demi-diamètres; prendre une de ces divisions et la reporter de O en I; des points I et A comme centres, et d'un rayon égal à leur écartement, décrire deux arcs qui se coupent en G et en K; du point B comme centre, et du même rayon, décrire un arc indéfini qui donne le point F; de ce point et du même rayon décrire un arc de cercle qui s'arrête aux points H, L, ce qui termine les deux extrémités de l'ellipse. Pour décrire le reste de sa circonférence, des points G et H comme centres, et d'un rayon égal à leur écartement, décrire deux arcs qui se coupent en M; de ce point M et du même rayon décrire l'arc GCH, ce qui termine un côté de l'ellipse; ensuite des points K, L, et du même rayon, décrire deux arcs de cercle qui se coupent en N; ce point est le centre de l'arc KDL; décrire cet arc, ce qui termine l'ellipse.

Remarque. — Ce moyen de décrire l'ellipse sert à tracer les courbes à trois centres, employées fréquemment dans l'architecture gothique; les peintres en miniature se servent continuellement de cette opération pour rectifier l'ellipse qui doit limiter leurs portraits.

PLANCHE III.

De l'horizon.

Lorsqu'on veut dessiner d'après nature une vue perspective dans laquelle il entre des arbres, des fabriques, des édifices, des figures humaines, etc., etc., on doit avant tout s'occuper de trouver, de déterminer la ligne d'horizon telle qu'elle existe dans la nature elle-même, et de la reporter proportionnellement sur son papier ou sa toile.

Fig. 38. La ligne qui sépare le ciel de la mer est l'horizon visible, l'horizon véritable, que l'on désigne sous le nom d'*horizon visuel.* Mais le plus ordinairement, la vue que l'on veut retracer n'est pas au bord de la mer; des montagnes ou des édifices terminent les lointains, et par leur présence empêchent que l'on ne puisse apercevoir le véritable horizon. Comme dans toute composition il faut un horizon, on en détermine un factice à l'endroit où se trouverait le véritable. Cet horizon s'appelle *horizon rationnel.*

Remarque. Dans la démonstration, on dit indistinctement *horizon* ou *ligne d'horizon.*

Quelques personnes, et même des auteurs recommandables, appellent horizon la ligne supérieure des montagnes, cette ligne qui sépare du ciel les lointains; une telle désignation est fausse : on doit toujours entendre par horizon une ligne droite, située à la hauteur de l'œil du spectateur ou du dessinateur.

Puisque l'horizon doit toujours se trouver à la même élévation que l'œil du dessinateur, il en résulte que plus le dessinateur s'élèvera, plus l'horizon sera élevé, et plus l'espace que sa vue embrassera sera étendu.

Exemple. — Fig. 37. Supposons que les trois personnes placées en A, en B et en C soient trois dessinateurs, et qu'ils regardent au travers d'une vitre : toute ligne d'horizon devant partir de l'œil du dessinateur, nous aurons ici trois lignes d'horizon différentes. Ainsi la figure B, qui est debout, aura son horizon représenté par la ligne FNG; la figure C, qui est assise, et doit par conséquent avoir son horizon plus bas que la figure B, aura pour horizon la ligne HOI; tandis que la figure A, qui est plus élevée que la figure B, aura pour horizon la ligne DME. Il en résulte donc que trois dessinateurs différemment élevés doivent, suivant la place qu'ils occupent, avoir chacun leur ligne d'horizon. Mais dans un tableau ou un dessin il ne peut y avoir qu'un seul horizon, par la raison qu'il n'y a ordinairement qu'un seul dessinateur, et que tous les objets représentés doivent être subordonnés à la hauteur de son œil.

Il est facile de déterminer exactement la place que doit occuper l'horizon.

On représente la ligne d'horizon par une ligne droite.

On m'a souvent demandé dans mes cours si, lorsque l'on est très-élevé, dans un ballon, par exemple, l'horizon se trouve encore à la hauteur de l'œil, et si cette ligne d'horizon ne doit pas être courbe; car, ajoutait-on, à cette hauteur, on doit découvrir une grande portion de terre.

1° *L'horizon doit toujours être à la hauteur de l'œil*, quoique l'on soit très-élevé, attendu que la terre étant ronde, l'horizon suit l'œil et monte avec lui; seulement, plus le dessinateur sera élevé, plus l'espace qu'il découvrira sera grand.

2° *La ligne d'horizon doit toujours se rendre par une ligne droite*, par la raison que la plus haute élévation que l'on puisse atteindre est à peu près deux lieues: or, deux lieues en comparaison de la grosseur de la terre, dont la circonférence en contient neuf mille, sont une bien petite portion, et de cette élévation on ne peut s'apercevoir à l'œil de la légère courbure qui existe.

Principe. — L'horizon sert à déterminer la hauteur des différents objets, suivant les différents plans.

Fig. 38. Je suppose avoir établi l'horizon le plus exactement possible, et avoir déterminé à l'œil ou avoir placé à volonté une figure humaine au point A. La première remarque à faire est que la tête de cette figure touche juste à l'horizon; le terrain perspectif, c'est-à-dire celui sur lequel elle pose, est dans une direction parfaitement horizontale dans toute son étendue.

Principe. — Le *terrain perspectif* est l'espace compris depuis la base du tableau jusqu'à l'horizon.

De l'horizon placé à 5 pieds d'élévation.

Fig. 38. Après avoir posé, dans une composition quelconque, une première figure humaine et déterminé sa hauteur totale par rapport aux autres objets, on doit avoir soin de déterminer la hauteur apparente des autres figures humaines qu'on veut placer aux différents plans. Si la tête de cette première figure touche la ligne d'horizon, la tête de toutes les autres figures, à quelque point qu'elles se trouvent sur le terrain perspectif, doit également toucher cette ligne. Ainsi, pour déterminer la grandeur apparente d'une figure placée au point B, il suffit d'élever de ce point une verticale jusqu'à l'horizon, et on aura la hauteur totale de cette figure : on obtient de même la hauteur apparente des figures humaines placées aux points C, E, etc., etc.

Si l'on voulait asseoir une figure humaine à un point quelconque du terrain perspectif, de ce point on élèverait une verticale jusqu'à l'horizon, ce qui déterminerait cinq pieds, puisque l'horizon est placé à cinq pieds; or, comme on perd la moitié de sa hauteur lorsque l'on est assis par terre, il faudrait diviser cette verticale totale en deux; la partie inférieure serait pour la tête et le corps; mais les jambes doivent être égales à la tête et au corps, il faut en conséquence reporter la moitié de la verticale pour la longueur des jambes.

Je suppose toujours que les figures humaines qui entrent dans les tableaux et les dessins d'après nature sont toutes d'une même grandeur réelle, cinq pieds; on peut néanmoins, pour les varier, diminuer ou augmenter un peu quelques-unes de ces figures; cependant, il ne faut pas oublier que la stature humaine sert de terme de comparaison pour juger à l'œil et mesurer la hauteur de tous les objets du tableau; ainsi, lorsque la première figure a sa tête touchant l'horizon, on sait que l'horizon est haut de cinq pieds, et que tous les objets du tableau sont coupés à cinq pieds par la ligne d'horizon. Si la ligne d'horizon est placée à deux pieds et demi, ce qui est aussi naturel, tous les objets sont coupés à deux pieds et demi; et ainsi de suite pour toutes les autres hauteurs où peut se trouver placé l'horizon.

Toutes les lignes qui sont placées parallèlement à la ligne d'horizon sont des *lignes horizontales*. Ces lignes restent parallèles en apparence comme elles le sont en réalité, c'est-à-dire qu'elles se tracent géométriquement à la règle et à l'équerre.

Comme l'horizon sert à déterminer la hauteur de tous les objets, d'un point pris à volonté, élever un arbre et lui donner 70 pieds.

Fig. 38. Du point O élever une verticale indéfinie; la grandeur OH qui est comprise entre le point O et l'horizon aura cinq pieds, puisque ce serait la grandeur d'une figure humaine; reportant cette grandeur treize fois sur la verticale, on obtiendra la hauteur totale de l'arbre.

La hauteur de l'édifice du fond s'obtient de la même manière, et les cinq pieds qui ont servi pour déterminer la hauteur ont servi aussi pour en déterminer la largeur. Cet édifice a cinquante pieds de haut et soixante-trois de large.

Il peut arriver que l'on commence par tracer dans son tableau, au lieu d'une figure humaine, un édifice; ainsi, je vais supposer que nous avons commencé par tracer l'édifice du fond; ayant à représenter une figure humaine, nous la plaçons comme nous la voyons dans la nature, en déterminant sa hauteur apparente le plus exactement possible; cette figure placée, nous observons que le sommet de sa tête touche l'horizon, l'horizon est donc à cinq pieds de haut; si nous voulions alors connaître la hauteur et la largeur de l'édifice que nous avons tracé d'abord, nous reporterions la grandeur de sa base à l'horizon, qui est une grandeur de cinq pieds, autant de fois en hauteur et en largeur qu'elle peut être contenue dans l'édifice, et nous trouverions cinquante pieds de haut et soixante-trois de large.

Le même raisonnement, la même opération serviraient à connaître la hauteur de l'arbre qui s'élève du point O.

A présent que j'ai expliqué la manière de déterminer pour les objets d'un tableau, lorsque l'horizon est à cinq pieds, la largeur et la hauteur que l'on veut leur donner, et que nous savons de même mesurer les hauteur et largeur de ces objets lorsqu'ils ont été dessinés d'après nature, je vais appliquer ces principes à d'autres hauteurs d'horizon. Ces principes restent les mêmes, c'est seulement la première hauteur donnée qui varie; une fois cette première hauteur déterminée, le reste s'obtient toujours de même.

Ainsi, si je suppose que la première figure obtenue est partagée juste en deux par la ligne d'horizon, il faut que toutes les autres figures humaines le soient de même, et que les monuments, les arbres etc., aient, depuis leur base jusqu'à l'horizon, deux pieds et demi.

Fig. 39. Dans cet exemple, la première figure donnée est coupée aux pectoraux par la ligne d'horizon, c'est-à-dire à peu près au deux tiers de sa hauteur; toutes les autres doivent être disposées de même.

Pour déterminer la hauteur apparente des figures humaines et de tout ce qui peut entrer dans la composition d'un tableau, l'horizon étant élevé de 20 pieds.

Fig. 40. Toutes les fois que l'horizon est plus élevé que cinq pieds, la tête des figures humaines se trouve au-dessous de l'horizon, et en est d'autant plus éloignée que le dessinateur est plus élevé. Dans l'exemple que je donne ici, l'horizon est à vingt pieds d'élévation, la tête des figures humaines en sera donc éloignée de quinze. Pour opérer dans ce cas, du point donné où on veut placer une figure humaine, on élève une verticale jusqu'à l'horizon; cette verticale a vingt pieds, et comme dans vingt pieds il doit y avoir quatre hauteurs de figure, on divise cette verticale en quatre : la division inférieure est la grandeur de la figure... Il est bien entendu que les arbres, les édifices, ont tous vingt pieds, depuis l'endroit qu'ils touchent au sol jusqu'à l'horizon.

Ce que je viens de dire pour l'horizon élevé de vingt pieds s'applique à celui élevé de quinze pieds, de dix pieds etc.

Lorsque l'on sera familier avec cette opération, qui est bien simple, on pourra, dès la première inspection d'un tableau, se rendre compte et juger si les objets y sont placés convenablement selon le plan qu'ils occupent, et on évitera de faire comme certains peintres de nos jours, qui, après avoir placé dans leurs tableaux les premières figures sous la forme et dans des proportions naturelles, en ont placé d'autres à des plans plus éloignés et leur ont donné l'apparence de pygmées. Je puis citer, entre autres, un tableau de marine qui est dans la galerie du Palais-Royal; la mer étend ses eaux depuis la base du tableau jusqu'à l'horizon, ce qui fait voir que le terrain perspectif est parfaitement uni ; seulement il laisse voir de temps en temps des bancs de sable qui se trouvent à fleur d'eau et sur lesquels sont placés des groupes de pêcheurs. La tête de ceux du premier plan, qui dépasse l'horizon, fait voir que l'horizon se trouve élevé d'à peu près quatre pieds. Les pêcheurs du second plan ont leurs têtes qui touchent l'horizon; ceux-là ont déjà un pied de moins que les personnages du premier plan, et ceux des plans éloignés auraient tout au plus deux pieds, attendu que la distance de leur tête à l'horizon est beaucoup plus grande que leur hauteur. Cette faute existe dans un tableau exposé au Louvre en 1839, intitulé *Joseph vendu par ses frères; vue prise en Syrie*. Des chameaux, placés au second plan, n'ont pas leur hauteur réelle et apparente plus grande que le quart de ceux du premier plan.

On retrouve le même vice dans un tableau représentant *Don Juan et Zerline*. La scène se passe dans un palais, dont le parquet, formant lignes continues, indique que le tout est de plain-pied. Le peintre a déterminé, aux diverses figures qui sont entrées dans sa composition, une grandeur qui n'excède pas la hauteur du genou de Don Juan. Combien n'avons-nous pas cité dans nos précédents écrits et combien n'aurions-nous pas encore à citer de dessins et de tableaux qui fourmillent de ces fautes d'orthographe! incorrections d'autant plus impardonnables, qu'en très-peu de temps il est si facile à un homme de talent d'apprendre à les éviter.

Recherches sur la hauteur de l'horizon suivant les divers genres.

Quelques auteurs ont avancé que lorsque l'on étudie les tableaux et dessins des peintres anciens, on trouve que les Italiens plaçaient ordinairement l'horizon très-élevé; qu'au contraire les Allemands et les Hollandais le plaçaient bas.

On peut facilement croire que cette remarque est juste, surtout si ces auteurs n'ont voulu parler que des paysagistes-portraitistes : effectivement, rien de plus naturel que de penser que des artistes dont le talent consistait à représenter fidèlement la nature, ont dû se laisser influencer par la manière dont tous les jours le pays leur apparaissait; que les peintres italiens et tous ceux des contrées riches de montagnes, de coteaux, de vallées, durent choisir de préférence, pour retracer les plus beaux sites, des endroits assez élevés, afin de pouvoir obtenir un plus grand développement; que les Hollandais, les Flamands, habitués à apercevoir leurs belles campagnes d'un horizon presque invariablement bas, ont exécuté leurs productions sous cette impression. Cependant, les tableaux de paysage-vue des artistes de toutes les écoles sont là pour donner un démenti formel à ce raisonnement, car dans presque tous l'horizon est disposé d'après les mêmes données.

Joseph Vernet, dans son heureuse collection des *vues des ports de France*, a varié son horizon de dix à quinze pieds. *Canaletto* a agi absolument de même dans la grande quantité de tableaux par lesquels il a retracé Venise; cependant, il faut en excepter sa *vue du grand canal et de l'église de la Salute*, dont l'horizon est placé à vingt pieds. La *vue intérieure de la Basilique de Saint-Pierre* à Rome, par *Pannini*, a l'horizon placé à dix pieds.

J'ai analysé un très-grand nombre de paysages de Claude le Lorrain, du Gaspre, d'Hermann Swanevelt,

Salvator Rosa, le Dominiquin, le Carrache, Locatelli, Both, Rubens, Berghem, Ruysdaël, Wynantz, Wouwermans : tous ces maîtres ont disposé l'horizon, variant depuis dix jusqu'à quinze pieds de hauteur.

Van-Ostade, Karel du Jardin et Demarne, dans leurs tableaux, ont élevé l'horizon de trois à dix pieds.

Le Poussin a mis l'horizon à dix pieds, dans son admirable paysage de *Diogène jetant son écuelle*. Salvator Rosa l'a placé de même dans son *combat sur terre et sur mer;* et le Dominiquin dans son site historique d'*Hercule et Cacus*.

L'horizon est à quinze pieds dans le paysage mythologique du Carrache représentant *Diane découvrant la faiblesse de Calisto*.

Dans le *Siége de Valenciennes* par Vander-Meulen, l'horizon est élevé de quatorze pieds, et il l'est de vingt dans celui du *Siége de Luxembourg*. Pourquoi Vander-Meulen a-t-il mis cette différence de hauteur d'horizon dans ces deux tableaux? C'est parce que la stratégie des opérations militaires et le site accidenté des environs de Luxembourg exigeaient d'être aperçus d'une élévation plus considérable que ceux de Valenciennes. En général, dans les tableaux de siéges de villes, les batailles, les grandes chasses royales, et dans les sujets à grand développement, l'horizon varie de huit à vingt pieds.

Les paysages historiques dans lesquels Lebrun a représenté, grand comme nature, les succès de l'armée d'Alexandre le Grand, tels que *la bataille d'Arbelles*, *la défaite de Porus* et *le passage du Granique*, ont l'horizon élevé de huit pids.

Dans *le champ de la bataille d'Eylau* par Gros, il est à dix pieds.

Le Poussin l'a placé à sept pieds et demi dans son tableau de la *Terre promise*, et à sept pieds dans celui d'*Orphée et Eurydice.*

On voit, par ces exemples, que dans le paysage-portrait comme dans le paysage mythologique et historique, dans celui même qui représente le siége d'une ville, ou une bataille dont la stratégie et les divers accidents demandent un grand développement, l'horizon le plus élevé est de vingt pieds. Cependant il y a des cas particuliers qui obligent de développer extraordinairement une ville, une place publique et les monuments qu'elle contient, un château et ses dépendances : nécessairement alors on doit choisir un horizon plus élevé; quelquefois même il arrive qu'on exagère tellement la hauteur de l'horizon, que la nature retracée de cette manière se désigne sous le nom de *vue à vol d'oiseau.*

Toutes les fois que le paysage n'est plus que secondaire, qu'il se trouve subordonné à un sujet d'histoire, à une scène familière, ou à une figure humaine, la hauteur de l'horizon se trouve dans la dépendance de ce qui est le sujet principal, par la raison que le regard du peintre, comme celui des spectateurs, doit se porter, avant tout, sur la partie qui réunit le plus l'intérêt.

Dans un portrait d'homme ou de femme, soit en pied, soit même seulement en buste, la ligne d'horizon ne doit pas se trouver plus élevée que le sommet de la tête, ni plus basse que le milieu du corps; car le personnage ainsi représenté se trouve être le sujet principal, et par cette raison l'artiste doit se placer devant lui convenablement, c'est-à-dire dans les conditions que je viens d'indiquer : se plaçant plus haut, il verrait le dessus de la tête; plus bas, il apercevrait le dessous du nez et du menton, écueil qu'il faut avoir soin d'éviter. Voici à quelle hauteur quelques grands maîtres ont disposé l'horizon de leurs portraits.

Léonard de Vinci a placé l'horizon à la hauteur des yeux dans son portrait de *Joconde*. David l'a placé de même dans le *portrait du pape Pie VII*, et Jean Fictoor dans celui *d'une jeune fille à sa croisée*, qui se trouve au Louvre sous le n° 457. Dans plusieurs portraits par Raphaël, on trouve aussi cette disposition de la ligne d'horizon.

Dans le portrait en pied de *Bacchus assis*, Léonard de Vinci a placé la ligne d'horizon à la hauteur du nez. Ce grand artiste a mis l'horizon à la hauteur de la bouche dans son portrait (buste) de *Charles VIII roi de France*.

La ligne d'horizon est à la hauteur du menton dans les portraits de *Mansard* et de *Perrault* par Philippe de Champagne.

L'horizon se trouve en face des attaches des clavicules au sternum dans les *portraits de Charles Ier et d'Henriette*, par Van-Dyck, et dans celui de *lady Gower* par Lawrence.

Le Guerchin, dans un portrait de femme intitulé *la Magicienne Circé*, a placé l'horizon à la hauteur du mamelon. Raphaël, le Titien et Rubens l'ont disposé de même dans plusieurs portraits. Rigaud l'a placé à deux pieds et demi dans son beau *portrait en pied de Bossuet*.

Quelques artistes ont terminé la partie la plus éloignée du paysage qui accompagne leurs portraits, comme si l'horizon était très-bas, beaucoup plus bas même qu'il ne se trouvait en réalité. Van-Dyck, par exemple, a procédé plusieurs fois de cette manière, et entre autres dans un de ses portraits en pied de Charles Ier, exposé au Louvre, portrait dont il suppose l'horizon élevé seulement de deux pieds, tandis qu'en examinant la figure principale, on s'aperçoit tout d'abord que l'horizon réel doit être bien plus élevé. Nous ferons remarquer à ce propos que presque toujours l'horizon ainsi indiqué n'est pas l'horizon véritable, et que celui qui a servi à représenter la figure principale y est placé comme je l'ai indiqué plus haut. Je passe aux tableaux d'histoire et de genre familier.

J'ai cité parmi les paysages, vu la manière remarquable dont cette partie s'y trouve traitée, trois tableaux d'histoire par Charles Lebrun, *le Passage du Granique*, *la Bataille d'Arbelles*, et *la Défaite du roi indien Porus*, dans lesquels l'horizon est élevé de huit pieds. J'ai mentionné aussi la belle composition de Gros qui représente avec tant de vérité *le Champ de bataille d'Eylau*, tableau dont l'horizon est placé à dix pieds. Je pense que lorsque les figures sont plus grandes que nature ou seulement de grandeur naturelle, cette hauteur d'horizon est la plus considérable que l'on puisse choisir dans les tableaux d'histoire, quelque nombreux d'ailleurs que puissent être les épisodes, accidents et détails qu'ils doivent contenir. Après ces belles pages de Lebrun et de Gros, deux exemples de l'horizon très-élevé nous sont fournis par Raphaël : l'un est *le Mariage de la Vierge*, dans lequel ce savant artiste a établi l'horizon à huit pieds; l'autre est *la Transfiguration*, où l'horizon est élevé de sept pieds. Dans les cinq tableaux suivants l'horizon ne se trouve qu'à six pieds : *les Noces de Cana*, par Paul Véronèse; *la Femme adultère*, par le Titien; la *Circoncision* dans le temple, par Jules Romain; *Rébecca à la fontaine*, par le Poussin, et *la Toilette de Vénus*, par l'Albane.

David a placé l'horizon au niveau du sommet des têtes dans les tableaux du *Serment des Horaces*, des *Sabines*, et de *Brutus*. Lesueur a agi de même dans le *Martyre de saint Gervais et saint Protais refusant de sacrifier aux idoles*.

L'horizon est juste à la hauteur des yeux dans les trois tableaux : 1° de *la Vierge assise sur les genoux de sainte Anne*, par Léonard de Vinci; 2° de *la Vierge et l'enfant Jésus*, par Andrea Solari; 3° de *la Vierge couvrant l'enfant Jésus endormi*, par Garafolo.

Raphaël a placé l'horizon à cinq pieds dans *l'École d'Athènes*; il se trouve à la même hauteur dans *le Mariage mystique de sainte Catherine*, par le Corrége. L'ont disposé de même : Lebrun, dans *la Chasse d'Atalante*; Pierre Guérin, dans sa composition d'*Andromaque et Pyrrhus*; Philippe de Champagne, dans *la Translation de saint Gervais et saint Protais*, et David Teniers, dans son tableau des *OEuvres de miséricorde*.

Dans *la Femme adultère*, par le Poussin, on trouve l'horizon à la hauteur du menton du Christ et des accusateurs.

Raphaël, dans l'une de ses plus sublimes compositions, *la Dispute du Saint-Sacrement*, que l'on appelle aussi *la Théologie*, a placé l'horizon à quatre pieds et demi de hauteur. Cette disposition se retrouve dans le tableau de *Darius fait ouvrir le tombeau de Nitocris*, par Lesueur; puis dans celui *des Moissonneurs*, par Léopold Robert; et dans ceux d'*Abraham renvoie Agar*, et de *Rébecca à la fontaine*, par M. Horace Vernet.

Le tableau de *la Cène*, par Léonard de Vinci, et celui de *Marius à Minturnes*, par Drouais, offrent l'horizon élevé de quatre pieds. Il est exactement à la même hauteur dans le *Pâris et Hélène* de David, dont la composition est une des mieux ordonnées et des plus gracieuses de ce célèbre artiste; puis encore dans le *Martyre de saint Christophe*, par Spada, et dans le tableau de *Phèdre et Hippolyte*, par Guérin.

L'horizon se trouve placé à trois pieds et demi dans les neuf tableaux suivants : *Jésus à Emmaüs*, par le Titien; le même sujet, par Rembrandt; *le Jugement de Salomon*, par le Poussin; *la Cène*, par Porbus le fils; *l'Adoration des bergers*, par Ribera; *le Couronnement d'épines*, par Van-Dyck; *Énée racontant ses aventures à Didon*, par Guérin; *la Femme hydropique*, par Gérard Dow, et dans la composition de M. Grenier, *les Enfants surpris par un garde.*

Dans le tableau de *Saint Augustin*, par Murillo, et dans celui du Guide représentant *Jésus-Christ remettant à saint Pierre les clefs du royaume des cieux*, l'horizon n'est élevé que de trois pieds, de même que dans *la Cène* de Philippe de Champagne, une *Offrande à Esculape*, par Guérin, et dans le *Triomphe de Cybèle*, par l'Albane.

Je continue à citer des hauteurs d'horizon toujours de moins en moins élevé.

Il n'est qu'à deux pieds et demi dans *les Bergers d'Arcadie*, par le Poussin; dans *la Mort de Saphire*, du même maître; dans *le Parnasse*, par Raphaël; le *Martyre de saint Étienne*, par Lebrun; *Apollon chez Admète*, par l'Albane; dans les deux pathétiques compositions de Greuze, *le Départ* et *le Retour;* puis enfin dans un sujet militaire à l'île d'Elbe, par M. Horace Vernet, *A tous les cœurs bien nés que la patrie est chère.*

On trouve dans les deux tableaux de Prud'hon, *le*

Christ sur la croix et *la Justice divine poursuivant le crime*, l'horizon élevé seulement de deux pieds. Il est disposé de même dans *le Christ porté au tombeau*, par le Titien, dans *le Christ descendu de la croix*, par Regnault, et dans les trois tableaux de Lebrun représentant *les Muses*.

Jules Romain, dans son tableau de *Neptune et Amphitrite*, et Girodet, dans la poétique composition d'*Endymion*, n'ont élevé l'horizon que d'un pied et demi. Même disposition dans *l'Enfant prodigue*, par Murillo; dans le *Bélisaire portant son guide*, par Gérard, et dans le tableau de *la Veuve du soldat*, par M. A. Scheffer.

Paul Véronèse nous fournit un exemple de l'horizon encore placé plus bas : dans sa composition des *Pèlerins d'Emmaüs*, il ne l'a pas déterminé plus haut que le bas des mollets des principaux personnages.

Si je voulais parler des tableaux de plafond et de ceux qui ont été confectionnés pour être placés très-haut, j'indiquerais des horizons placés encore plus bas, quelquefois tout à fait hors et même très-loin du tableau; mais je réserve ces exemples pour un grand travail dont je m'occupe depuis longtemps, et qui traitera tant de la composition que de la distribution des figures humaines et de tous les objets qu'on peut avoir à faire entrer dans un tableau. Enfin, pour compléter l'examen de la manière dont la ligne d'horizon se trouve placée dans les tableaux d'histoire, de genre, et dans ceux de scène familière, citons généralement les œuvres de Jouvenet et de Sébastien Bourdon, dans lesquelles l'horizon varie depuis deux pieds jusqu'à cinq de haut. Lesueur, dans son admirable galerie religieuse de *la Vie de saint Bruno*, a adopté absolument la même variante.

Rubens, dans la majeure partie de ses tableaux d'histoire, et particulièrement dans ceux qui représentent la Vie de Marie de Médicis, n'a pas placé l'horizon plus élevé que trois, ni plus bas que deux pieds.

PLANCHE IV.

Pour grandir un objet sans toucher à son sommet.

Fig. 41 et 42. Il peut arriver qu'après avoir tracé d'après nature les premiers objets d'un tableau, de retour chez soi, on y ajoute un édifice que l'on place à un plan quelconque : admettons que cet édifice, tout en satisfaisant l'œil et en se détachant bien sur le ciel, a cependant, à la manière dont il est coupé par l'horizon, l'inconvénient d'être trop petit, et qu'il est nécessaire de le grandir pour le représenter dans sa hauteur réelle. Pour le grandir sans toucher à son sommet il suffira d'approcher sa base plus près de l'horizon ; ainsi posé, cet édifice sera d'autant plus grand que la distance de sa base à l'horizon sera plus petite, et qu'elle pourra être reportée plus de fois dans la hauteur totale de l'édifice.

Exemple: L'édifice de la figure 42 est nécessairement plus élevé que celui de la figure 41, puisque, sa base étant plus près de l'horizon, la distance de sa base à l'horizon peut être contenue plus de fois dans la hauteur totale de l'édifice. Je ferai remarquer que ces figures sont disposées absolument dans les mêmes conditions comme hauteur d'horizon et sommet d'édifice.

On procédera absolument de même pour grandir les arbres, les coteaux, les montagnes. Les montagnes surtout offrent une élévation considérable lorsqu'on place leur base tout près de l'horizon.

C'est par la continuelle observation de ce principe que le Poussin a donné tant de grandeur aux objets qu'il a fait entrer dans ses sublimes compositions, tels que fabriques, arbres. Pour donner à ceux-ci la grandeur nécessaire, lorsqu'il a voulu les faire voir entièrement, il a toujours placé leur base, même celle des plus proches, au second plan.

Dans un de ses tableaux, le Poussin avait à représenter un géant, le cyclope Polyphème : il l'a placé au sommet d'une montagne, et, pour le rendre très-grand, il fallait que la montagne fût d'une hauteur immense; dans cette intention, il a placé la base de cette montagne presque à l'horizon.

Principe. — Quand les objets horizontaux sont placés au-dessous de l'horizon, on en doit voir le dessus, et conséquemment, s'ils sont placés au-dessus, on en verra le dessous.

De l'horizon par rapport au tableau et aux figures et objets que l'on doit peindre d'après nature.

Quand on veut faire un tableau d'après une esquisse, et que les figures doivent être peintes ou dessinées d'après nature, pour les poser il faut faire bien attention de les placer, dans son atelier, par rapport à la hauteur de l'horizon, juste comme elles le seront dans le tableau. Pour cela on s'assure de la hauteur de l'horizon du tableau; on reporte cette hauteur, à partir du sol, sur le mur du fond, de manière que les figures-modèles soient placées entre ce mur et l'œil de l'artiste; puis on trace sur le mur, à cette hauteur, une ligne horizontale (cette ligne se tire avec du blanc ou bien avec une corde que l'on tend). Il faut que l'artiste se place de sorte que son œil soit toujours à la hauteur de cette ligne, et que toutes les figures-modèles soient coupées par cette ligne comme elles doivent l'être par la ligne d'horizon du tableau; sans cette précaution, il y a un désaccord dans le tableau dont l'œil ne peut se rendre compte.

Il y a quelques années, un de nos artistes en faveur me pria de lui tracer quelques lignes monumentales dans un grand tableau qui a figuré à l'un de nos derniers salons, *la Mort de Sardanapale*. Toutes les figures étaient déjà peintes, même terminées; il ne restait plus à faire que l'architecture. On suppose sans doute que l'artiste n'avait pas autant avancé son travail sans avoir d'abord assigné à chaque figure une hauteur et une place en rapport avec l'horizon : il n'en était cependant pas ainsi. Toutes ces figures avaient été dessinées de la même place et à la même hauteur, c'est-à-dire sans qu'il eût été tenu compte de l'horizon dans le tableau ni dans la nature; il en résultait donc qu'on voyait le dessus de la tête quand on devait voir le dessous du menton, et ainsi de suite pour toutes les autres parties des figures. Le peintre croyait pourtant ces figures exactes de dessin, puisqu'il les avait dessinées d'après nature. Il aurait dû savoir que toutes les fois que le modèle est élevé de cinq pieds, il n'est pas vu de même que s'il l'était de quinze ou vingt pieds : quoique dans la même position, l'aspect est tout différent.

Des lignes parallèles fuyantes.

J'ai dit que toutes les lignes parallèles à la ligne d'horizon s'appellent *lignes horizontales*.

On appelle *lignes parallèles fuyantes* toutes celles qui, étant dans un plan horizontal et étant prolongées, vont se réunir à un point quelconque de l'horizon. Les lignes fuyantes placées au-dessus de l'horizon paraissent descendre; celles qui sont au-dessous semblent monter.

Fig. 43. Les parallèles fuyantes conservent toujours le même espace entre elles, quoique, en apparence, elles semblent diminuer. Exemple : les lignes AP et BP du plan horizontal, et les lignes A'P et B'P des deux plans verticaux, qui vont se réunir à un point P qui est à l'horizon, sont des parallèles fuyantes, et elles conservent le même espace entre elles; donc les lignes AB, OL, A'B', CD, GH, etc., comprises dans ces mêmes plans, sont toutes de la même grandeur, comme parallèles comprises entre parallèles.

Dans la planche précédente (fig. 38 et 39), j'ai expliqué le moyen de déterminer la hauteur et la largeur des objets suivant la manière dont ils sont coupés par l'horizon : ce moyen est le plus simple de tous ceux qui existent; mais il peut arriver certains cas dans lesquels il serait trop long de l'employer. Par exemple, quand l'horizon est élevé d'une mesure qui contient des fractions, sept pieds et demi, huit pieds trois quarts, onze pieds, etc., etc., pour obvier à l'inconvénient des à-peu-près ou des tâtonnements, on doit recourir à un moyen général qui peut servir pour toutes les hauteurs d'horizon, et que je vais démontrer.

Pour trouver la grandeur apparente des figures humaines placées aux différents plans d'un tableau.

Fig. 40. Soit donnée une figure placée à volonté au point A; on propose d'en placer une au point E. Pour en déterminer la hauteur, du point A menez une horizontale jusqu'à la rencontre d'un des côtés du tableau, comme en B; prenez la hauteur de la figure et reportez-la de B en C, c'est-à-dire couchée horizontalement. Du point F, intersection de l'horizon avec le côté du tableau, et par le point C faites passer une ligne jusqu'à la base du tableau; cette ligne FC forme avec le côté du tableau une *échelle fuyante*. Toutes les lignes horizontales comprises dans cette échelle seront de même grandeur, comme parallèles comprises entre parallèles. Alors du point E menez une horizontale jusques et compris dans l'échelle fuyante, et vous aurez une grandeur IO, qui est la hauteur de la figure que vous avez à placer au point E; ainsi de suite pour toutes les autres.

Toutes les lignes horizontales comprises dans l'échelle fuyante auront 5 pieds; elles pourront servir à trouver la hauteur et la largeur des objets qui entreront dans la composition.

Du point de fuite principal.

J'entends par *point de vue* un point qui est dans l'œil du dessinateur ou du spectateur, celui enfin par lequel il regarde les objets. Je désignerai plus tard ce point sous le nom de *point de distance*.

Le *point en face de la vue* est toujours sur l'horizon en face de l'œil du dessinateur ou du spectateur. Ainsi, toutes les fois que l'on regarde droit devant soi, la ligne droite qui part de notre œil et va frapper sur l'horizon, donne le point en face de la vue : c'est le point que les auteurs, avant le célèbre Thibault, désignaient faussement sous le nom de point de vue. Ils auraient cependant dû réfléchir qu'il n'est pas le point de vue, puisqu'il se trouve toujours en face de la vue. Quant à moi, je le nomme *point de fuite principal*, par la raison que c'est le point où se porte principalement la vue; que les grands maîtres, tels que Raphaël, le Poussin, Léonard de Vinci, etc., le plaçaient dans la partie la plus intéressante de leur composition; qu'ordinairement il sert de point de fuite aux principaux édifices d'un tableau; et que dans le tracé du dessin d'une vue d'après nature, il sert de guide pour le placement des points de fuite des différents objets vus accidentellement.

Raphaël, dans *la Dispute du Saint-Sacrement*, a placé le point de fuite principal à la base du calice qui contient l'hostie, et verticalement sous Dieu le père, Jésus-Christ, le Saint-Esprit et l'hostie, c'est-à-dire en ligne droite avec ce qui fait le sujet du tableau.

Dans *les Noces de Cana*, par Paul Véronèse; *Jésus à Emmaüs*, par Rembrandt; les tableaux de *la Cène de Jésus-Christ*, par Léonard de Vinci, François Porbus, et Philippe de Champagne, le point de fuite principal se trouve juste entre les yeux du Christ, qui dans ces sujets devait nécessairement se trouver le point de mire.

Dans *la Femme adultère*, par le Poussin, il est verticalement au-dessus de la tête de la femme coupable, ce qui le met au centre de l'intérêt.

Il se trouve aussi au centre des personnages qui forment l'action et où doit se porter le regard, dans *la*

Mort de Saphire, *les Bergers d'Arcadie* et *le Jugement de Salomon*, par le Poussin.

Gérard Dow l'a placé entre les yeux souffrants de *la Femme hydropique*.

David l'a mis à l'œil de *Pâris fascinant Hélène*, et à la main qui tient les glaives dans *le Serment des Horaces*, etc., etc.

Dans toutes les figures qui vont suivre, le *point de fuite principal* est désigné par un P.

Pour former un angle droit vu perspectivement ou en fuite.

Fig. 44. *Principe*. — Toutes les lignes qui vont se réunir au point de fuite principal font angle droit avec les lignes horizontales.

Une ligne horizontale étant donnée, on propose de mener une ligne qui fasse angle droit avec elle.

Fig. 44. Soit AB la ligne horizontale donnée.

Du point A menez une ligne AC tendant au point de fuite principal P, cette ligne fera angle droit avec la ligne AB.

Pour mener une ligne qui fasse angle droit avec la ligne donnée DO, qui tend au point de fuite principal P, il faut du point D mener une ligne horizontale DE.

Du plan géométral.

Supposons une feuille de papier tendue sur une table, un dé à jouer posé sur cette feuille de papier; si avec un crayon très-fin on prend exactement le contour de la base de ce dé, en ôtant ensuite le dé, la figure carrée que l'on aura tracée sera le plan du dé.

Le plan d'une ligne est une ligne, le plan d'un cylindre est un cercle, parce qu'un cylindre est rond, etc.

Un plan est toujours censé vu géométralement. Je vais m'en servir pour expliquer la position des principales lignes, qu'il est de toute nécessité de bien connaître.

Fig. 44 et 45. *Principe.*—Le plan d'une ligne qui tend au point de fuite principal se rend par une ligne perpendiculaire à la base du tableau ; ainsi la ligne A' C' de la fig. 45 est le plan de la ligne AC de la fig. 44. Je ferai observer que je ne cherche aucunement à déterminer les longueurs ; dans ces figures, je n'entends parler que de la direction des lignes.

Principe. — Le plan d'une ligne horizontale est une horizontale.

Connaissant la direction d'une ligne perspective par rapport à sa position géométrale, ou en plan, lorsqu'on dessine d'après nature, on doit savoir de suite où il faut la faire concourir.

Ainsi, pour récapituler, je dirai que les lignes horizontales en plan ou géométralement restent horizontales lorsqu'elles sont en perspective ; que les lignes fuyantes qui font angle droit avec elles doivent en apparence aller concourir, et, si elles étaient prolongées, se réunir réellement au point de fuite principal.

Principe. — Toutes les lignes horizontales comprises entre deux lignes qui concourent au point principal sont de la même longueur.

De la distance.

Lorsqu'une personne regarde un objet quelconque, un solide, par exemple, l'écartement qui existe entre son œil et ce solide est et s'appelle *la distance*.

Il serait nécessaire, si l'on se proposait de représenter ce solide, de le placer ou de se placer d'abord convenablement; car, suivant son éloignement, il apparaîtra plus ou moins grand, plus ou moins développé. La première condition est qu'il se trouve placé de manière qu'on puisse l'apercevoir entièrement d'*une seule œillade*.

Mais il est difficile de fixer au juste l'écartement ou la distance qui doit exister entre ce solide et l'œil. Cette distance dépend d'abord de la dimension du solide : Léonard de Vinci détermine la distance égale à trois fois la plus grande dimension de l'objet à dessiner; le Poussin pensait qu'on pouvait voir et dessiner un objet en ne s'en éloignant que de deux fois sa plus grande dimension. Des physiciens modernes ont prouvé qu'on pouvait très-bien voir un solide, n'en étant distant que d'un éloignement égal à sa plus grande dimension. A mon avis, la distance convenable peut et doit varier suivant la conformation de l'œil, en raison de l'ouverture de son angle visuel, qui varie beaucoup de grandeur : certaines personnes l'ont très-ouvert, tandis que d'autres l'ont très-aigu. On concevra aisément qu'un dessinateur, s'il a cet angle très-ouvert, ce qui lui permettra d'embrasser d'une *œillade* un plus grand espace, n'aura pas besoin d'être aussi éloigné de ce qu'il voudra dessiner, qu'une personne dont l'angle visuel plus aigu ne lui donnera la possibilité d'embrasser qu'une partie de cet espace. Les personnes qui ont l'angle visuel très-ouvert n'ont donc pas besoin d'être aussi éloignées du solide pour le dessiner que celles qui l'ont très-aigu, car ces dernières, se mettant à la place des premières, ne verraient pas autant du solide qu'elles; si les premières l'embrassaient entièrement, les dernières n'en apercevraient qu'une partie.

Il faut éviter d'être placé trop près du solide que l'on veut dessiner, par la raison qu'on ne le verrait pas entièrement d'une seule œillade; il ne faut pas non plus en être trop éloigné, car alors on n'en apercevrait plus les détails, ce qui serait un grand inconvénient.

Je crois que la distance convenable doit être égale à deux fois et demie ou trois fois la plus grande dimension du solide.

La distance d'un tableau est l'écartement de l'œil du spectateur à ce tableau.

Le point de distance est le point de station du spectateur, c'est le point de vue, le point duquel partent les rayons qui embrassent tous les points de la surface du tableau.

Un tableau n'est autre chose qu'une vitre à travers laquelle on est censé voir la nature. Je suppose même que sur cette vitre je puisse dessiner, avec un crayon quelconque, les objets tels que je les aperçois. L'endroit où mon œil était placé pour tracer ces objets était *le point de distance*, et l'écartement de mon œil à la vitre était *la distance*. Il faut toujours se souvenir que la distance est une longueur, et le point de distance seulement un point.

Pour dessiner d'après nature ou pour composer, on ne peut avoir qu'une seule distance; ainsi, lorsque je dessinais ces objets à travers la vitre, si, après avoir commencé à les esquisser, je m'étais rapproché de la vitre, la distance aurait changé; elle serait devenue plus courte, et par suite, nécessairement, les contours des objets esquissés sur la vitre ne se seraient plus rapportés avec les contours des mêmes objets dans la nature, ils n'auraient plus du tout coïncidé. Pour terminer mon esquisse j'aurais été obligé de me remettre à la première place ou première distance.

Si je m'étais éloigné de la vitre, il y aurait eu le même inconvénient. Je conclus, en conséquence, que pour dessiner d'après nature, il faut choisir une place convenable et ne pas en bouger. Il ne faut pas faire comme certaines personnes, qui en changent trois ou quatre fois lorsqu'elles font un ensemble d'après nature. En se déplaçant, on s'expose à réunir dans le même dessin plusieurs hauteurs d'horizon et plusieurs distances, et à trouver dans l'ensemble un désaccord qui est désagréable et nuit à l'effet.

Si, comme je le supposais tout à l'heure, on pouvait calquer la nature à la vitre, on obtiendrait certainement une perspective parfaitement rigoureuse; mais ce n'est pas sur une vitre que l'on peut faire de la peinture, c'est sur du papier ou sur une toile; il faut donc employer d'autres moyens pour arriver au même but. J'expliquerai prochainement comment, étant placé devant la nature, on peut obtenir de suite et par une opération fort simple la hauteur, la largeur et la profondeur des différents objets, de même que tous les points de fuite; mais maintenant je dois continuer à expliquer la distance.

Un tableau doit avoir sa distance plus ou moins grande suivant la dimension de l'étendue de sa surface, le fini que l'artiste veut lui donner, et le genre auquel il doit appartenir. On comprend que la distance d'un tableau qui représente une réunion de fleurs doit être moins considérable que celle d'un tableau de bataille, de chasse, etc.

La manière seule d'envisager la nature ou son sujet fait que dans les tableaux de grands maîtres la distance varie beaucoup. Dans *les Noces de Cana*, par Paul Véronèse, elle est égale à trois fois la largeur du tableau; Léonard de Vinci la prenait ordinairement égale à trois fois et même deux fois la plus grande dimension de son tableau; dans les compositions du Poussin, elle est égale à deux fois et demie et même deux fois la largeur de la base; dans l'école d'Athènes, de Raphaël, elle est égale à la base.

Les recherches que j'ai faites me donnent la conviction que les grands maîtres ne s'occupaient de la distance qu'après avoir esquissé leur premier plan, soit d'après nature, soit d'après leur inspiration; alors seulement, pour rectifier leur esquisse ou pour y ajouter de nouveaux personnages, édifices ou objets en rapport avec ceux déjà dessinés ou indiqués, ils cherchaient quelle pouvait être la distance.

Pour tracer régulièrement la majeure partie des objets, l'artiste est donc obligé de fixer la distance de son tableau, c'est-à-dire l'écartement de son œil à ce tableau. Mais ce point de distance se trouve en avant, quelquefois même fort loin du tableau, et, par cette raison, il ne pourrait servir à opérer sur sa surface; on a donc imaginé de lui déterminer une place convenable pour opérer : ainsi on prend cette distance, c'est-à-dire l'écartement bien juste de l'œil de l'artiste au tableau, et on la reporte à droite et à gauche sur l'horizon, à partir et à égale distance du point de fuite principal. Tels sont les points D et D' de la fig. 46, placés à droite et à gauche du point P.

Cette distance se trouve et se reporte facilement sur l'horizon; il suffit de tracer sur son tableau un objet régulier, et, par une opération que j'indiquerai plus loin, on obtient la distance avec une grande exactitude.

Cette distance reportée sur le tableau ou sur son prolongement sert de point de fuite à toutes les lignes qui font angle demi-droit avec les lignes horizontales, ou, ce qui est la même chose, avec la base du tableau.

Fig. 46 et 47. La ligne OMD' se représente en plan par la ligne O'M', qui fait angle demi-droit avec une ligne horizontale. On représentera la ligne HED par la ligne H'E'; et ainsi de suite pour toutes les autres.

Principe. — Donc, lorsqu'une ligne en plan fait angle demi-droit avec une ligne horizontale, en perspective elle se dirige vers un des points de distance, de droite ou de gauche, suivant sa position.

Une ligne horizontale étant donnée, ainsi qu'une ligne qui tend au point de fuite principal, ces lignes forment un angle droit; on propose de diviser cet angle en deux angles égaux.

Fig. 46. Soit AB la ligne horizontale, et AC la ligne qui va concourir au point P.

Du point de distance D et par le point A faites passer une ligne qui, étant prolongée dans l'angle BAC, le divise en deux angles égaux.

Les lignes qui vont tendre aux points de distance D et D' font aussi angle demi-droit avec les lignes qui tendent au point de fuite principal P.

PLANCHE V.

J'ai dit que la distance d'un tableau était plus ou moins grande suivant que le peintre se suppose plus ou moins éloigné du tableau; que les artistes, suivant leur manière d'envisager leur sujet ou d'apercevoir la nature, adoptent des distances différentes : il doit nécessairement résulter de cela, que les tableaux présentent les objets sous des formes plus ou moins développées.

Fig. 48. Si l'artiste se place au point A pour voir et retracer un carré XCEM qui lui apparaît derrière une glace ou vitre, les rayons qui de son œil vont frapper les points EC déterminent sur la glace les points JI et font apparaître ce carré sur la vitre comme est le carré MJIX; si ensuite il se rapproche et se met au point B, attendu qu'il est plus près et que la distance est plus petite, ses rayons visuels lui feront apparaître le carré plus développé, tel que le carré MHOX. Donc, plus la distance est faible, plus les objets sont développés; plus la distance est grande, plus ils apparaissent en raccourci.

Pour mettre un carré en perspective.

Fig. 49. Soit donnée la ligne AB, qui est un des côtés horizontaux du carré. Soient pris à volonté le point de fuite principal P et les points de distance D et D'.

Comme le côté AB est horizontal, il faut des points A et B mener des lignes au point P, puis des points A et B mener des lignes qui, se croisant, tendent aux points de distance D et D'; elles donneront les points C et E, que l'on joindra par une ligne droite, ce qui terminera le carré.

Une seule ligne tendant au point de distance suffit pour déterminer la profondeur du carré; ainsi, après avoir mené les lignes AP et BP, du point A menez une ligne au point D', sa rencontre avec BP donne le point C; de ce point menant une horizontale, elle doit aboutir au point E.

Si j'avais éloigné davantage le point de distance du point de fuite P, la profondeur du carré aurait été moins considérable; si au contraire j'avais rapproché la distance, la profondeur du carré aurait été plus grande.

Je conclus de là que dès que la profondeur d'un carré ne semblera pas assez grande, pour la grandir il suffira d'approcher le point de distance du point P; on fera l'inverse pour la diminuer.

Si j'avais voulu trouver un second carré dans le même tableau, le côté horizontal GH étant donné, il m'aurait suffi de mener les lignes GP et HP, puis de mener du point H une ligne au point de distance D'; le point de rencontre J aurait déterminé la profondeur du carré.

Je ferai remarquer que dans un tableau la profondeur de tous les carrés qui ont un côté horizontal s'obtient de même, en employant l'un ou l'autre des points de distance; mais ces points de distance doivent être également éloignés du point P.

Pour trouver la distance.

Fig. 49. Un carré ABCE étant tracé, sa profondeur AE se trouve déterminée soit d'après nature, soit à volonté, attendu qu'il n'existait pas encore de point de distance déterminé dans le tableau. Si la profondeur de ce carré avait été déterminée d'après nature, on l'aurait placée comme on la voyait; mais si c'eût été une composition, n'ayant pas de distance déterminée dans le tableau, on aurait tracé la profondeur du carré à volonté, en ne suivant d'autre règle que celle du goût. Dans les deux cas, dès que la profondeur est fixée, la distance est déterminée. Pour la trouver, il faut tracer une diagonale du carré, telle que AC, laquelle, prolongée jusqu'à l'horizon, détermine le point de distance en D'. On opère de même toutes les fois que l'on a un carré et que l'on veut trouver la distance.

Des fractions de la distance.

La distance entière étant presque toujours hors d'un tableau, on ne l'emploie guère que dans les dessins et les tableaux de petites dimensions; il est plus commode d'opérer avec une fraction de la distance, parce qu'alors elle se trouve toujours dans le tableau. Ainsi j'opérerai presque toujours avec une fraction; et on remarquera que ce mode d'opérer avec une fraction de la distance n'offre pas plus de difficulté que celui de se servir de la distance entière.

Étant déterminée à volonté la profondeur d'un carré, on propose de trouver la distance ou une fraction de cette distance.

Fig. 50. Soit ABCE le carré donné.

En menant la diagonale AC et la prolongeant jusqu'à l'horizon, on obtient le point de distance D, qui est hors du tableau; si l'on veut, et pour ramener ce point de distance dans le tableau, on divise le côté AB en deux parties égales, ce qui donne le point M; de ce point et par le point C en faisant passer une ligne jusqu'à l'horizon, on a la moitié de la distance, que j'appelle et que j'appellerai désormais D/2; la grandeur P D/2 doit être égale à celle comprise entre D/2 et D. Si le point D/2 ne s'était pas trouvé dans le tableau, j'aurais divisé la ligne MB en deux parties égales, ce qui m'aurait donné le point N; de ce point et par le point C ayant fait passer une ligne jusqu'à l'horizon, j'aurais eu le quart de la distance D/4, parce que NB est le quart de la ligne AB; la grandeur PD/4 doit être juste le quart de la grandeur PD, etc. J'aurais pu obtenir de même les points D/8, D/16, etc., etc., en divisant le côté AB en 8, en 16, etc. parties égales.

On propose de construire un carré sur une ligne horizontale, le point D/2 étant donné.

Fig. 51. Soit AB la ligne horizontale donnée.

Des points A et B menez des lignes au point P, et divisez le côté AB en deux parties égales, ce qui donne M; de ce point menez une ligne au point D/2; cette ligne donne, à la rencontre de BP, le point C, profondeur du carré; de ce point C menez l'horizontale qui termine le carré.

Remarque.— Il faut faire bien attention que dans un carré les côtés sont égaux; ainsi le côté fuyant BC est aussi grand que le côté géométral AB.

Pour déterminer sur une ligne qui tend au point de fuite principal une profondeur quelconque, la demi-distance et une figure humaine étant données.

Fig. 52. Soit donnée la ligne AP, sur laquelle on propose de déterminer 10 pieds à partir du point A; soit D/2 la demi-distance, et soit Z la figure humaine donnée.

On devra d'abord former une échelle fuyante, en opérant comme je l'ai démontré pl. III, fig. 40; c'est-à-dire du point Z mener une horizontale jusqu'en V, l'un des côtés du tableau; prendre la hauteur de la figure Z pour la reporter de V en U, puis mener la ligne FU en la prolongeant jusqu'à la base du tableau; l'échelle fuyante étant ainsi obtenue, on devra du point A mener une ligne horizontale jusques et compris dans cette échelle, ce qui donnera la grandeur RY, hauteur d'une figure humaine ou 5 pieds. Pour déterminer les 10 pieds à partir du point A, prenez la grandeur R Y et reportez-la de A en E, puis du point E menez au point D/2 une ligne coupant celle AP au point G. La grandeur AG sera égale à 10 pieds, attendu que nous avons opéré avec la D/2, et que par conséquent la grandeur AG est égale à deux fois celle AE. Pour bien se rendre compte, on n'a qu'à reporter AE, grandeur de 5 pieds, de E en M, la grandeur AM est égale à 10 pieds; si du point M on mène une ligne au point D, elle doit passer par le point G : cela revient donc au même, de ne prendre que 5 pieds et de mener à la D/2, ou de prendre 10 pieds et de mener à la distance entière.

Même proposition.

Supposons actuellement qu'au lieu de 10 pieds on veut obtenir 36 pieds; comme on a déjà trouvé la grandeur AG égale à 10 pieds, on n'a plus qu'à déterminer une grandeur de 26 pieds. Pour cela, il faut du point E mener une ligne au point P, les lignes AP et EP forment une échelle fuyante de 5 pieds; puis après avoir, du point G, mené une ligne horizontale GH, qui se termine à la rencontre de la ligne EP, du point H mener une ligne au point D/2, sa rencontre avec AP donne I, la grandeur IG est aussi égale à 10 pieds, cela nous fait donc 20 pieds obtenus; du point I menez une ligne horizontale qui donne K, et de ce point menez une ligne au point D/2, rencontrant aussi la ligne AP en J; la grandeur IJ étant égale à 10 pieds, nous nous trouvons avoir déjà déterminé 30 pieds. Pour obtenir encore 6 pieds, du point J menez une ligne horizontale JL, égale à 5 pieds, et divisez-la en cinq parties égales; chaque division sera 1 pied. Mais comme on a opéré avec la D/2, chaque pied en donnera deux; donc il faut prendre 3 parties seulement à partir de J; on aura le point N, duquel on mènera une ligne au point D/2, donnant le point O, la grandeur OJ est égale à 6 pieds : ces 6 pieds et les 30 que l'on avait déjà obtenus donnent la grandeur demandée, 36 pieds. On peut obtenir de même n'importe quelle grandeur.

Pour déterminer la grandeur apparente d'une figure humaine que l'on veut placer à un point quelconque du terrain perspectif, la D/2 étant donnée, ainsi qu'une ligne dessinée d'après nature et qu'on sait avoir 20 pieds de profondeur.

Fig. 53. Soit le point R sur lequel il faut placer la figure, et soit AB la ligne profonde de 20 pieds.

Du point D/2 faites passer par le point B une ligne indéfinie, et du point A menez une ligne horizontale; la rencontre de ces deux lignes donne le point C.

D'après ce que j'ai dit précédemment, AC est égal à la moitié de AB, parce que l'on opère avec la D/2; donc AC est égal à 10 pieds; par conséquent, divisant AC en deux parties égales, on aura le point M; AM est égal à 5 pieds, ou, ce qui est la même chose, à la hauteur d'une figure humaine; prolongeant la ligne horizontale AC jusqu'au bord du tableau, on aura le point J; reportant AM, grandeur de 5 pieds, de J en I, on formera une échelle fuyante, comme à la figure 40, planche III.

La grandeur de la figure placée au point R, ou de toute autre, est obtenue dès que l'on a formé l'échelle fuyante de 5 pieds.

Dans cette figure, nous connaissions la grandeur de la ligne AB, nous l'avions dessinée d'après nature, aussi juste que possible, et nous savions qu'elle avait 20 pieds : nous allons supposer maintenant qu'une ligne étant tracée d'après nature et avec la plus grande exactitude, nous avons besoin de la mesurer, c'est-à-dire de connaître combien elle contient de pieds.

Pour mesurer une ligne qui tend au point de fuite principal, la D/2 étant donnée.

Fig. 53. Soit donnée la ligne AB.

Du point A menez une horizontale indéfinie, et du point D/2 et par le point B menez une ligne qui, à la rencontre de la première, donne le point C, AC est égal à la moitié de AB; donc, reportant AC de C en E, on aura AE égal à AB; pour mesurer AE, prolongez cette ligne jusques et compris dans l'échelle fuyante, ce qui donnera IJ, mesure de 5 pieds; mesurant AE avec cette grandeur, nous trouvons qu'elle contient 20 pieds; donc AB est égal à 20 pieds.

Pour mesurer la ligne NG, nous pouvons opérer différemment. Du point N nous menons une ligne au point D/2, et du point G une horizontale, donnant le point H, GH est égal à la moitié de GN; prolongeant GH jusques et compris dans l'échelle fuyante, nous obtenons OS, mesure de 5 pieds; mesurant GH avec cette grandeur, nous trouvons que GH est égal à 15 pieds; mais GH est la moitié de GN, donc GN est égal à 30 pieds, etc., etc.

Quand la ligne à mesurer est très-longue, il est préférable d'opérer par ce second moyen.

PLANCHE VI.

Pour construire un parquet de dalles carrées, le point D/2 étant donné.

Fig. 54. Divisez AX en parties égales, en quatre, par exemple, en opérant comme je l'ai enseigné pl. II, fig. 21, ce qui donne les points B, C et E; de ces points, ainsi que des points A et X, menez des lignes au point P; comme on a la D/2, il faut diviser AB, largeur d'une dalle, en deux parties égales, ce qui donne G, et de ce point mener une ligne au point D/2, sa rencontre avec AP donne le point T, duquel on mène une horizontale, qui détermine la profondeur de la première rangée de dalles. On mène ensuite la diagonale XH, que l'on prolonge indéfiniment; sa rencontre avec les lignes CP, BP, AP, etc., déterminera les points I, J, K etc.; par ces points menez des horizontales, elles détermineront les deuxième, troisième, quatrième rangées de dalles, etc. *Pour en obtenir un plus grand nombre*, menez une diagonale MN et prolongez-la indéfiniment, elle déterminera des rangées de dalles aux points O, S, etc., et ainsi de suite : par ce moyen on obtiendra autant de rangées que l'on voudra. Pour obtenir les rangées ZP et RP, prenez la largeur VY, et reportez-la de V en Z, de Z en R, etc., etc., puis du point P et par les points Z et R faites passer des lignes jusqu'à la limite du tableau.

Si la distance n'avait pas été déterminée, on aurait établi la première rangée de dalles à volonté, en ayant soin de la déterminer plutôt étroite que trop large.

Lorsqu'on dessine d'après nature et que l'on est placé convenablement, c'est-à-dire que l'on peut apercevoir tous les objets que l'on veut représenter d'une seule œillade, on établit la première rangée comme on la voit.

Remarque. — Dans l'un et l'autre de ces deux cas, dès que l'on a établi la première rangée de dalles, la distance est déterminée.

Seconde remarque. — Lorsqu'il y a plusieurs lignes parallèles fuyantes, comme dans ce parquet, quoique étant toutes de même grandeur, elles apparaissent de grandeurs différentes, suivant qu'elles sont plus ou moins éloignées de leur point de fuite; ainsi la ligne CI, qui est la plus en face du point P, ou pour mieux dire qui est la plus près de la verticale qui passerait par ce point, paraît plus courte que la ligne BU, qui en est plus éloignée; celle-ci paraît moins longue que la ligne AT, et ainsi de suite; donc plus une ligne fuyante s'éloigne de la verticale qui passerait par son point de fuite, plus elle paraît développée.

Pour tracer le parquet de la figure 55, il faut diviser la base proportionnellement par l'opération que j'ai donnée pl. II, fig. 22, puis opérer exactement comme à la fig. 54.

Ayant construit un intérieur carré, c'est-à-dire dont la profondeur égale la largeur, on propose de placer sur chaque côté fuyant l'ouverture d'une porte semblable et semblablement placée à une que l'on aurait dessinée d'après nature sur le côté de front de cet intérieur.

Fig. 56. Soit AB l'ouverture de la porte donnée. Du point P et par les points A et B faites passer des lignes jusqu'à la base du tableau; menez la diagonale OE, qui donnera les points M et N à sa rencontre avec les lignes PA et PB prolongées; des points M et N menez des horizontales, qui donnent les points L, T, H et G; LT est la largeur fuyante de l'ouverture d'une porte, et HG est la largeur de l'autre.

Prolongez la ligne horizontale A'B' jusqu'à la rencontre des arêtes du mur, ce qui donne les points E' et C'; du point P et par ces points faites passer des lignes, qui, à leur rencontre avec les verticales élevées des point L, T, H et G, donnent les points L', T', H' et G', et terminent l'ouverture des portes que l'on voulait obtenir.

L'épaisseur du mur fuyant étant donnée, trouver la même épaisseur de mur pour l'ouverture des portes qui sont vues en fuite.

Fig. 56. Soit BJ l'épaisseur du mur, et soient GH et LT les portes vues en fuite.

Du point J mener une horizontale et prolonger la diagonale OE, ce qui donne le point I; du point P et par ce point I faire passer une ligne qui donnera pour épaisseur du mur de la porte GS égal à BJ. Comme les points G et T sont sur la même horizontale, prendre l'épaisseur GS, et la reporter de T en R : TR est l'épaisseur du mur de l'autre porte. Du point S élever une verticale, et de G' une horizontale, ce qui donne S', etc.

Solives ou poutres se coupant à angle droit.

Fig. 56. Ces poutres s'obtiennent en opérant de même qu'on a opéré pour obtenir les portes de cette figure.

Pour obtenir la distance ou une fraction de la distance.

Fig. 56. Comme la diagonale OE ne peut rencontrer l'horizon dans le tableau, et par conséquent donner la distance, je divise OX, largeur de l'intérieur, en deux parties égales, et de V je mène une ligne passant par E, et j'obtiens le point D/2.

POUR DESSINER D'APRÈS NATURE.

Moyens pour obtenir les largeurs, hauteurs et profondeurs des objets que l'on veut représenter.

Quand on a choisi la vue que l'on veut dessiner, il faut se placer devant elle, le plus commodément possible. Il ne faut pas être trop près des premiers objets; il faudrait, pour bien faire, en être éloigné au moins de deux fois leur plus grande dimension, car la première condition est d'embrasser entièrement et d'une seule œillade la vue que l'on veut représenter. Après en avoir déterminé les extrémités à des endroits susceptibles d'être retrouvés facilement, on prend une bande de papier que l'on plie de manière qu'elle puisse servir de règle; on donne pour longueur à cette bande de papier la largeur que doit avoir le tableau ou dessin que l'on veut faire; puis on la place à la hauteur de l'œil, entre soi et les objets à représenter, en ayant soin de la tenir toujours le plus horizontalement possible et de manière qu'elle forme angle droit avec le rayon central de l'œil. (Lorsque l'on regarde droit devant soi, la ligne qui de l'œil va frapper l'horizon, est le rayon central de l'œil.) Étant ainsi bien posée, la bande de papier ou règle sera éloignée ou rapprochée de l'œil jusqu'au moment où ses extrémités se trouveront en face des deux points extrêmes de la vue à représenter; on la tiendra immobile et on marquera dessus, avec un crayon, la distance relative de tous les objets.

Fig. 57. Les endroits indiqués par les lettres A et B sont les points opposés qui limitent le paysage, on voit que les extrémités de la règle sont placées juste en face de ces points. Lorsque l'on a marqué sur la règle toutes les distances, on la place sur son papier ou sur sa toile, elle détermine exactement l'écartement qu'auront entre eux tous les objets à représenter. Ce moyen est très-expéditif; les premières fois que l'on s'en sert, la main tremble, il est bon d'avoir une baguette ou canne pour s'appuyer.

Théorie de cette opération.

Fig. 58. L'œil du dessinateur est placé en D au point de distance, il regarde, à travers le plan d'un tableau ou d'une vitre, les extrémités AB du paysage ou des objets à représenter. Ces points extrêmes du paysage correspondant parfaitement aux extrémités A' B' du plan de la vitre, tous les objets qui se trouvent entre les points AB viendront se représenter entre les points A'B'; ainsi RV viendra se représenter en R'V', la grandeur IJ en I'J', la grandeur BC en B'C', etc., etc.

Les lignes droites AD, RD, VD, OD, BD, etc., sont les rayons qui font apparaître ou bien apportent au plan de la vitre l'image des points A, R, V, O, B, etc.

La règle ou bande de papier que je viens de proposer remplit le même but, c'est-à-dire donne le même résultat que la ligne du plan d'une vitre.

Suite de la pratique.

Après avoir fixé sur son tableau la distance des objets ainsi que leur largeur, on détermine les hauteurs approximativement, en comparant si elles sont la moitié, le tiers, le quart ou le double des largeurs. Quelquefois on mesure les hauteurs comme les largeurs, c'est-à-dire au moyen de la règle que l'on place à la même distance de l'œil et sur laquelle on marque toutes les hauteurs. Dans le premier cas, toutefois, la règle était placée horizontalement, tandis que, pour mesurer la hauteur, elle doit l'être verticalement. Pour être sûr de rester exactement dans la distance, lorsqu'on veut donner à sa règle la position verticale, on doit la replacer horizontalement, ainsi qu'elle l'était d'abord; puis, en la tenant au centre entre deux doigts, on l'abaissera verticalement sans se déplacer ni la main ni l'œil.

Il faut avoir bien soin, toutes les fois que l'on voudra obtenir les hauteurs et les largeurs, de replacer toujours la règle à la même distance de l'œil.

Il arrive souvent que la dimension du tableau que l'on veut faire est très-grande; alors on détermine la grandeur de la règle à mesurer, de la moitié, du quart ou du huitième de ce tableau, puis l'on mesure sur la règle comme je l'ai expliqué plus haut; si la règle est égale à la moitié du tableau, on double les mesures en les reportant sur le tableau; si elle est égale au quart, on quadruple les distances, etc.

PLANCHE VII.

Surfaces de front. Cette dénomination s'applique à toutes les surfaces qui sont parallèles à celle du tableau.

Les surfaces de front ont pour base une ligne horizontale.

Les *surfaces fuyantes* font un angle plus ou moins ouvert avec les surfaces de front; elles ont toujours pour base une ligne fuyante.

Pour obtenir la direction des lignes fuyantes, leur point de fuite, et l'horizon.

Fig. 59. Je prends pour exemple une tour carrée. Je suppose qu'elle a été dessinée rigoureusement d'après nature, et que l'on a obtenu sa largeur, sa hauteur et sa profondeur par le moyen que je viens d'indiquer.

Pour obtenir la direction des lignes fuyantes, on emploie le preneur d'angles, et voici comment : on place un des côtés du preneur d'angles tout près et pour ainsi dire touchant la verticale AN, puis on ferme l'autre côté du preneur d'angles de manière qu'il touche exactement et dans toute sa longueur la ligne AB; reportant alors le preneur d'angles sur son dessin, aux endroits correspondants, on obtient aussi juste que possible la direction de la ligne AB.

Pour se rendre compte de cette opération, il faut se pénétrer de ce principe, que la grandeur de l'angle ne dépend pas de la longueur de ses côtés, mais de leur écartement; qu'un angle qui a de tous petits côtés, comme celui qui est sur le dessin, est cependant aussi grand que celui qui est dans la nature, parce que l'ouverture des deux angles est la même.

On obtiendra de même la direction de la ligne fuyante KS, ligne du haut de la croisée : en prolongeant cette ligne ainsi que la ligne AB; leur rencontre donne le point de fuite de la tour; mais comme cette tour a une face horizontale, ce point de fuite est le point de fuite principal P; lorsque l'on a le point de fuite, on a l'horizon.

Par ce moyen, on peut obtenir la direction et le point de fuite de toutes les lignes fuyantes.

La surface de front et la surface fuyante d'une tour carrée étant dessinées d'après nature, on propose de trouver la distance.

Fig. 59. Soit AE la largeur de la surface de front, et AB la profondeur de la surface fuyante.

Du point E mener une ligne en P, et de B une horizontale : ces lignes donnent le point C; ABCE est un carré perspectif placé horizontalement. Toutes les fois que les côtés fuyants d'un carré tendent au point P, les diagonales de ce carré tendront aux points de distance; donc la diagonale AC, prolongée jusqu'à l'horizon, donnera le point de distance D; mais comme on veut la distance dans le tableau, et qu'elle se trouve en dehors, on divise AE en deux, ce qui donne le point Z; de ce point et par le point C faisant passer une ligne jusqu'à l'horizon, on obtient le point D/2.

Pour déterminer la surface fuyante d'une seconde tour carrée, la surface de front étant trouvée ainsi que la distance.

Fig. 59. Soit GY la largeur de la surface de front.

Du point G mener une ligne au point P, et du point H, milieu de GY, une ligne au point D/2; la rencontre de ces lignes donne le point I; GI est la profondeur de la tour; du point I abaisser la verticale, qui limite la face fuyante et complète cette tour.

Quand on a dessiné d'après nature la face de front d'un édifice, et que chez soi on veut déterminer la face fuyante, n'ayant pas encore de distance, on peut la déterminer à volonté; seulement il ne faut pas que la largeur de la face fuyante excède le tiers de la face de front. Cette règle, qui est toute de goût, se trouve indiquée dans les tableaux de plusieurs grands peintres, entre autres dans quelques-uns de ceux exécutés par Le Poussin et Joseph Vernet.

Trouver sur la surface fuyante d'une tour carrée une croisée égale à une autre placée sur la surface de front.

Fig. 59. Des extrémités supérieure et inférieure de la croisée placée sur la surface de front mener des lignes horizontales pour former le rectangle LKNM ; des points K et N mener des lignes au point P, pour former le rectangle SKNR, et mener les diagonales KM et KR. La rencontre de la diagonale KM avec les côtés de la croisée donne les points V et X; de ces points mener des lignes horizontales, qui, à la rencontre de l'arête de la tour, donnent les points T et U ; de ces points mener des lignes au point P : leur rencontre avec la diagonale KR donne les points O et J, par lesquels menant des verticales, on obtiendra la croisée fuyante.

Pour placer des figures sur un terrain élevé et mouvementé.

Fig. 59. Une figure étant placée au point 2, on propose d'en placer une au point 3.

Du point 2 mener une horizontale jusqu'à la rencontre d'un des côtés du tableau, ce qui donne le point 4; prendre la hauteur de la figure donnée et la reporter du point 4 au point 5; du point 5 mener une ligne au point F, rencontre de l'horizon avec le côté du tableau; les lignes 5F et 4F forment une échelle fuyante.

Du point 3 mener une ligne qui, suivant les accidents du terrain, se terminera dans l'échelle fuyante et donnera la grandeur 6 7; cette grandeur est la hauteur de la figure à placer au point 3. On opérera de même pour toutes les figures que l'on voudra placer dans un tableau.

Pour placer des figures dans les plans coupés ou terrains dont on ne voit pas la base.

Fig. 59. Quand on ne voit pas la base des terrains sur lesquels les figures sont placées, on peut leur déterminer la grandeur que l'on veut, parce qu'alors, ne pouvant pas mesurer leur éloignement, qui peut être plus ou moins grand, il faut seulement chercher à les mettre en rapport avec les objets de ces plans.

Ainsi, pour placer une figure au point 8, on lui donnera la grandeur que l'on voudra, ayant soin toutefois qu'elle soit plus petite que les figures d'un plan qui serait plus près.

Tracer deux rectangles semblables et égaux dans toutes leurs dimensions, ces rectangles étant séparés par un espace quelconque.

Fig. 60. Soient ABCE le rectangle donné, et ABGH l'espace qui sépare les rectangles.

Mener les diagonales AG et BH : elles donnent le milieu de l'espace au point O. Du point E et par le point O faisant passer une ligne et la prolongeant jusqu'à la ligne CP, elle donnera le point I; GI est égal à AE; donc, en abaissant du point I la verticale IJ, on a le rectangle HGIJ, égal au rectangle donné ABCE. Pour se rendre compte de cette opération, on se reportera au plan géométral fig. 62, sur lequel toutes les lettres correspondent à celles de la figure 60. On y remarque le rectangle donné A'B'C'E', et l'espace A'B'G'H'. Si, comme dans l'opération précédente, on mène les diagonales A'G' et B'H', on obtient le point O' à leur rencontre. Menant du point E' et par le point O' une ligne qui se rencontre avec C'G' prolongé, cette ligne déterminera le point I'; G'I' est égal à A'E', de même que dans la fig. 60 GI est égal à AE.

Si, au lieu de vouloir obtenir le rectangle hors de l'espace, on désirait qu'il fût au dedans.

Fig. 61. Soient ABCE le rectangle donné, et AJGB l'espace qui doit contenir le second rectangle et l'écartement qui les sépare.

Il faudrait mener les diagonales CJ et EG, pour obtenir le milieu O; puis du point A et par le point O faire passer la diagonale qui donne G de même GI est égal à AE. Du point G mener une horizontale GH qui termine le rectangle.

Pour diviser une ligne fuyante en parties égales.

Fig. 63. Soit la ligne AB que l'on veut diviser, par exemple, en cinq parties égales.

Du point A mener une horizontale indéfinie, prendre à volonté une grandeur A2, et la reporter cinq fois sur cette ligne, ce qui donne les points 2, 3, 4, 5 et 6; du point 6, dernière division, et par le point B, extrémité de la ligne à diviser, faire passer une ligne droite et la prolonger jusqu'à l'horizon, ce qui donne le point F; si de ce point on mène des lignes aux points 2, 3, 4 et 5, elles diviseront AB en cinq parties égales.

Les lignes 2F, 3F, 4F, etc., sont des parallèles perspectives fuyantes, puisqu'elles tendent au même point.

Remarque. — Toutes les fois qu'une ligne droite traverse des parallèles placées à égale distance, ces parallèles la divisent en parties égales. Ainsi dans le géométral (fig. 64), les lignes parallèles placées à égale distance divisent en parties égales les lignes droites AB qui les traversent.

Cette opération est celle que l'on emploie pour tracer des croisées sur les faces fuyantes des édifices.

PLANCHE VIII.

Pour inscrire un carré dans un carré donné.

Fig. 65. Soient donnés le carré ABCE, et la ligne GH l'un des côtés du carré à inscrire.

Menez les diagonales BE et AC, placez entre elles la ligne horizontale GH de manière qu'elle s'arrête juste à la rencontre des diagonales, ce qui donne les points G et H; de ces points menez des lignes au point P, leur rencontre avec les diagonales donne les points J et I, que l'on joint par une droite; le carré GHIJ est inscrit dans le carré ABCE.

Pour circonscrire un carré autour d'un carré donné.

Fig. 65 et 66. Soient donnés le carré GHIJ, et la ligne AB l'un des côtés du carré à circonscrire.

Menez les diagonales HJ et GI, et prolongez-les indéfiniment, la rencontre de ces diagonales avec AB donne les points A et B; de ces points menez des lignes au point P, elles détermineront les points C et E à leur rencontre avec les diagonales; joindre les points C et E par une ligne qui doit être horizontale, et on aura le carré circonscrit.

J'ai eu soin de placer près de cette figure le géométral, en répétant les mêmes lettres aux endroits correspondants. Ainsi, en comparant ensemble les deux figures, on doit facilement se rendre compte de l'opération.

La rencontre des diagonales donne le milieu du carré.

Remarque. — Les angles d'un carré inscrit ou circonscrit doivent toujours s'arrêter sur les diagonales, ou sur le prolongement des diagonales du carré donné.

Pour former une avance autour du sommet d'une tour carrée.

Fig. 67. Soit donnée la tour ABCE.

Pour circonscrire à cette tour une avance GHIJ, on opérera comme à la figure précédente, c'est-à-dire que l'on devra circonscrire un carré à un carré donné.

Remarque très-importante. — L'angle H doit être plus développé que l'angle G ; l'angle J a un développement intermédiaire entre les deux autres. C'est à l'inspection de ces angles que l'on reconnaît de suite si l'avance d'un toit est bien en perspective.

Ce que je viens de faire observer pour une tour carrée existe de même pour un édifice qui serait plus profond, ou moins profond que long.

Pour élever un toit en pyramide.

Fig. 67. Du point O, centre du carré ou rencontre des diagonales, élever une verticale indéfinie, prendre à volonté sur cette verticale le point S, sommet de la pyramide, et joindre les points GS, HS et JS : ces lignes forment la pyramide.

Remarque. — Le point S, sommet de la pyramide, se trouve toujours verticalement au-dessus du point O, centre du carré qui sert de base à cette pyramide : beaucoup de personnes font la faute de mettre ce point au-dessus du milieu du côté GH.

Pour construire un clocher formé par deux pyramides placées l'une sur l'autre.

Fig. 68. Il faut d'abord former la première pyramide comme je viens de l'indiquer, puis la tronquer au moyen d'une ligne horizontale AB et d'une ligne fuyante AE; ces deux lignes servent de base à une nouvelle pyramide qui termine le clocher. Je ferai remarquer que les sommets X et S se trouvent verticalement au-dessus l'un de l'autre et au-dessus du centre O du carré.

Même proposition.

Fig. 69. Ce clocher s'exécute en opérant de même, quoique ses carrés se trouvent disposés à l'inverse.

DES TOITS OU PLANS INCLINÉS VUS DE PROFIL.

L'inclinaison d'un toit étant donnée, construire ce toit.

Fig. 70. Soit donnée ou dessinée d'après nature la ligne KL, inclinaison d'un toit.

Des points K et L mener des lignes au point P; du point M, extrémité ou profondeur de la fabrique, mener une ligne MN, parallèle géométrique à KL, parce que KL fait partie d'une surface de front.

L'inclinaison ST de la cheminée est aussi parallèle géométrique à KL.

Ainsi, toutes les fois que l'inclinaison d'un toit donné est vue de front, les parallèles à cette inclinaison se mènent géométriquement, c'est-à-dire avec la règle et l'équerre.

Remarque. — Chaque toit peut avoir une inclinaison différente.

DES TOITS FUYANTS.

L'inclinaison d'une ligne fuyante devant déterminer la pente d'un toit fuyant, cette inclinaison étant donnée, obtenir ce toit.

Fig. 71. La ligne EG étant donnée, on propose de mener les lignes HI et MN, parallèles perspectives à cette ligne.

Du point P élever une verticale indéfinie, que je désigne sous le nom de *verticale principale*, parce qu'elle est élevée du point principal ; prolonger EG jusqu'à sa rencontre, ce qui donne P', point *sur-horizontal* ou au-dessus de l'horizon ; faire tendre les lignes HI et MN à ce point : elles seront parallèles perspectives à EG.

Le côté AB de la cheminée touchant le toit doit suivre la même inclinaison, et par conséquent aller tendre au point P' ; mais le côté CD du sommet de la cheminée doit tendre au point P, comme ligne fuyante placée horizontalement.

La ligne fuyante SN ayant une autre inclinaison, il faut la prolonger jusqu'à la rencontre de la verticale principale élevée du point P, ce qui donne le point P'', autre point sur-horizontal ; puis des points T, Z et X, mener des lignes à ce point : elles seront parallèles perspectives à SN.

Pour construire un triangle ayant la forme d'un fronton et devant servir à tracer le toit d'une fabrique.

Fig. 72. Soient données AB la ligne fuyante pour base du triangle, et la direction de la ligne AC, l'un des côtés de ce triangle.

Il faut prolonger la ligne AC jusqu'à la rencontre de la verticale élevée du point P, ce qui donne P''', autre point sur-horizontal.

Pour avoir le sommet du toit, mener les diagonales AL et BR : elles donnent le milieu de la face fuyante au point O ; de ce point élever une verticale : sa rencontre avec la ligne AP''' donne le point C, sommet de l'édifice ; joindre les points C et B, ce qui termine le fronton.

S'il y avait eu assez de place au-dessous du tableau, on aurait pu prolonger indéfiniment la verticale P'''P, ou verticale principale, au-dessous de l'horizon; puis prendre la grandeur P''' et la reporter, à partir du point P, au-dessous de l'horizon, ce qui aurait donné un point auquel la ligne BC doit aller tendre.

Remarque. — Les lignes fuyantes et inclinées AC et BC sont parfaitement égales en longueur, quoiqu'elles apparaissent de grandeur différente.

Principe. — J'appelle tous les points qui sont au-dessus de l'horizon points *sur-horizontaux*, et tous ceux qui sont au-dessous, points *sous-horizontaux*; quand un point ne peut se trouver dans le tableau, je le nomme *point inaccessible*.

PLANCHE IX.

Des toits en triangles ou frontons ayant double inclinaison.

Fig. 73. Pour obtenir le toit de ces fabriques on opère comme à la figure précédente; seulement, le triangle étant construit, on le coupera par une ligne IJ qui tend au point de fuite principal, puis on déterminera le nouveau sommet S, celui qui doit être la partie la plus élevée du toit.

On remarquera que toutes les lignes parallèles fuyantes qui se trouvent dans la même inclinaison doivent concourir au même point de fuite sur-horizontal.

DES POINTS INACCESSIBLES.

La largeur de l'avance d'un toit étant donnée, ainsi que l'inclinaison de ce toit, on propose de construire cette avance, c'est-à-dire de mener des lignes parallèles perspectives aux lignes données, toutes ces lignes devant aller tendre à un point hors du tableau ou point inaccessible.

Fig. 74. Soient donnés AE pour largeur de l'avance, et les lignes AB et BC pour inclinaison du toit.

Du point E mener une ligne au point P; les lignes AP et EP forment une *échelle fuyante;* toutes les horizontales comprises dans cette échelle seront égales à AE; par conséquent, des points O et C menant des horizontales, on aura les lignes OG et CH, égales perspectives à AE; reporter la grandeur OG de B en S, parce que le point B est sur la même verticale que le point O; donc BS est égal à AE; joindre les points ES et SH par des lignes qui seront parallèles perspectives à AB et à BC, et termineront l'avance.

Pour mener d'autres lignes parallèles perspectives à une ligne donnée.

Fig. 74. Soient donnés les points M et N par lesquels on veut mener des parallèles perspectives à AB.

De M mener une ligne au point P, et de O une horizontale, donnant le point L; de ce point, élevant une verticale jusqu'à la rencontre d'une horizontale menée du point B, on obtient le point R; joindre ce point avec le point M; la ligne MR est parallèle perspective à AB.

Si l'on prend AE et que l'on reporte cette grandeur de M en N, ainsi que la grandeur BS de R en T, et que l'on joigne NT, cette ligne sera aussi parallèle à AB. Ainsi les lignes AB, ES, MR et NT prolongées, doivent se réunir en un seul point verticalement au-dessus du point P.

Par un point pris à volonté sur le toit, mener une parallèle à une des lignes de l'inclinaison du toit.

Fig. 74. Soit K le point donné par lequel il faut mener une ligne parallèle perspective à la ligne AB.

Du point K mener une horizontale, qui donne J à sa rencontre avec AB, et de J une ligne au point P, donnant à sa rencontre avec BO le point I; de ce point I mener une horizontale, qui donne V à sa rencontre avec la ligne menée du point K au point P; du point V élever une verticale, qui donne X à sa rencontre avec BR; joindre le point X avec le point K; et la ligne KX est parallèle perspective à AB. Opérer de même pour n'importe quelle ligne.

Pour diviser une ligne fuyante inclinée en parties égales.

Fig. 75. Soit la ligne UZ que l'on veut diviser en trois parties égales, par exemple.

D'une ouverture de compas à volonté, porter sur la ligne UY trois grandeurs égales, ce qui donne les points 2, 3 et 4; du point Z, extrémité de la ligne à diviser, et par le point 4, dernière division, faire passer une ligne jusqu'à la rencontre de la verticale principale, ce qui donne le point P'; de ce point et par les points 2 et 3 faire passer des lignes, qui, à leur rencontre avec UZ, donnent les points 5 et 6; ces lignes divisent la ligne UZ en trois parties égales perspectives.

Pour tracer un rectangle semblable et égal dans toutes ses dimensions à un rectangle donné, ces rectangles se touchant immédiatement.

Fig. 75 et 76. Soit ABCE le rectangle donné, le rectangle à tracer doit toucher la ligne AB.

Il faut diviser AB en deux parties égales, ce qui donne le point O; alors du point E et par le point O faisant passer une ligne et la prolongeant jusqu'à la rencontre de la ligne CB prolongée, on a le point G; BG est égal à AE; du point G abaissant une perpendiculaire, elle termine le rectangle ABGH, qui est tout à fait semblable au rectangle ABCE.

Remarque. — On opère de cette manière toutes les

fois que l'on veut obtenir le battant d'une porte ou le volet d'une fenêtre égaux à l'ouverture qu'ils doivent fermer.

PLANCHE X.

Cette planche, qui représente une vue prise d'après nature au mont Rigi (Suisse), est une application des principes de la fig. 72, pl. VIII, et de la fig. 74, pl. IX.

Si l'élève a suivi attentivement et bien compris toutes les démonstrations qui précèdent, il ne doit être nullement embarrassé pour tracer les opérations de cette vue.

PLANCHE XI.

DES ESCALIERS.

Pour construire un escalier vu de profil.

Fig. 77. Soient donnés AB comme hauteur et BC comme largeur d'une marche.

Du point A et par le point C faire passer une ligne et la prolonger indéfiniment; puis du point B mener une parallèle à cette ligne. Toutes les hauteurs et largeurs des marches doivent être contenues entre ces parallèles : ainsi, de C élevant une verticale on obtient E; de ce point menant une horizontale on obtient G, etc. Après avoir, des points A, B, C, E, G, etc., mené des lignes au point P, déterminez à volonté AL, profondeur de la première marche, et du point L élevez une verticale LM. Si des points L et M on mène des parallèles à la ligne

AC, on pourra obtenir successivement les autres marches et tracer : 1° les horizontales MN, OR, etc.; 2° les verticales NO, RS, etc., lesquelles termineront l'escalier.

Pour construire un escalier vu de face.

Fig. 78. Soient donnés AB comme hauteur et BC comme profondeur de la première marche.

Du point B élever une verticale indéfinie, prendre AB et reporter cette hauteur de B en E, de E en G, etc., autant de fois que l'on veut avoir de marches; des points E, G et H mener des lignes au point P, ces lignes détermineront la hauteur des marches : ainsi du point C élevant une verticale, on obtient CI, hauteur de la deuxième marche; pour en déterminer la profondeur, du point A et par le point C faisant passer une ligne et la prolongeant indéfiniment, elle déterminera la profondeur de toutes les marches aux points J, L, etc. Du point J élevant une verticale JK, cette ligne sera la hauteur de la troisième marche, et ainsi de suite.

Pour terminer l'escalier, des points A, B et C mener des horizontales, et déterminer à volonté sur celle partant du point A le point A'; de ce point élever une verticale qui donne B', à la rencontre de l'horizontale partant du point B; puis, si du point B' on mène une ligne qui tend au point P, sa rencontre avec l'horizontale menée du point C donne C', ce qui limite entièrement la première marche. Pour obtenir les autres marches, il faut du point A' et par le point C' faire passer une ligne indéfinie, et des points J, L, etc., mener des horizontales jusqu'à la rencontre de cette ligne, ce qui donnera les points J' et L'; puis de ces points élevant des verticales, et des points I et K menant des horizontales, on aura les points I' et K'; joindre les points I'J' et K'L' par des lignes qui doivent concourir au point P, et l'escalier sera terminé.

Principe. — Si l'on prolonge les lignes AL et A'L', elles doivent se rencontrer verticalement au-dessus du point P, c'est-à-dire sur la verticale principale.

Pour construire un escalier dont les côtés se joignent à angle droit.

Fig. 79. Former le profil ABCEG : du point P et par ces points mener des lignes et les prolonger indéfiniment ; prendre à volonté le point A' pour former l'angle de retour de la première marche, et élever la verticale A'B', hauteur de cette première marche. Comme la distance n'est pas déterminée, prendre à volonté le point C', angle de retour de la deuxième marche. Plus ce point sera près de la ligne horizontale qui part du point B', plus la distance sera grande; plus il s'en éloignera, et plus la distance devra être rapprochée. Elever ensuite la verticale C'E', qui est la hauteur de la deuxième marche. Du point A' et par le point C' faire passer une ligne et la prolonger indéfiniment, elle donne le point G', profondeur de cette deuxième marche, à sa rencontre avec la ligne PG prolongée.

S'il y avait une plus grande quantité de marches, la ligne A'C' prolongée servirait à déterminer la profondeur de toutes.

Pour trouver l'angle de retour de la partie éloignée, c'est-à-dire la grandeur AA'' égale à la grandeur AA', du point A' mener une horizontale ; prendre à volonté une grandeur A'O et la reporter de O en M ; du point O et par le point A faire passer une ligne jusqu'à l'horizon, ce qui donne un point F ; de ce point mener une ligne au point M, elle donnera le point A'', qui détermine l'angle le plus éloigné.

Pour trouver la profondeur des marches de ce côté, prolonger les lignes AC et A'C' : elles se rencontrent au point S; de ce point mener une ligne au point A'', cette ligne donnera les points C'' G'', etc.; des points A'', C'' et G'', élever des verticales, puis des points B'' et E'' mener des horizontales, ce qui terminera l'escalier.

Pour obtenir l'arête que forment deux escaliers qui se coupent à angle droit.

Fig. 80. Après avoir déterminé, d'après nature ou à volonté, les hauteurs A'B' et E'C', ainsi que la largeur B'E', des marches d'un escalier, il faudra des points A', B', E' et C' mener des lignes au point P, puis déterminer à volonté ou d'après nature le point B, retour des marches, ou pour mieux dire, endroit de jonction; mener une horizontale BJ ; de son milieu I, mener une ligne au point D/2, ce qui donne E, point de jonction; élever la verticale EC, et ainsi de suite pour toutes les marches que l'on voudrait tracer. De même pour obtenir le point L, point de jonction de l'arête des murs, du point C on mènera une horizontale CK, c'est-à-dire jusqu'à la rencontre de la ligne PK prolongée. Divisez CK en deux parties égales, parce qu'on a la D/2, ce qui donne O; de ce point mener une ligne au point D/2, elle détermine le point L à sa rencontre avec KP. Ce point L obtenu, on mènera des lignes horizontales par les points L, C, E, B et A, et on aura l'arête des deux escaliers et des deux murs.

Opérer de même toutes les fois que l'on veut obtenir des retours qui se coupent à angle droit.

Pour obtenir, sur un mur de face, une porte semblable et semblablement placée à une autre porte qui se trouve sur un mur fuyant.

Fig. 80. Prolonger la ligne horizontale LT sur laquelle on veut déterminer la porte de face, et des points N et R, limites de la largeur de la porte fuyante, mener des lignes au point D/2, donnant les grandeurs LM et MQ; comme on a opéré avec la demi-distance, on reportera sur l'horizontale LT le double de la longueur LM, ce qui donnera le point S; l'espace LS est égal à l'espace LN. Reportant de même MQ deux fois sur cette horizontale à partir du point S, on obtient ST, largeur de la porte.

Pour inscrire un rectangle dans un rectangle donné.

Fig. 81. Soient donnés ABCE le rectangle tracé d'après nature, et AG l'espace qui doit exister entre les deux rectangles.

Prendre la grandeur AG et la reporter de B en M; des points G et M mener des lignes au point P; comme nous n'avons pas de distance déterminée, nous prenons à volonté la ligne horizontale VZ, et nous supposons VG égal à AG; nous cherchons alors la distance en divisant AG en deux, ce qui donne O; du point O et par le point V, faisant passer une ligne jusqu'à l'horizon, nous obtenons la D/2, laquelle, étant déterminée, va nous servir à obtenir toutes les grandeurs égales dont nous avons besoin. Pour déterminer NN' égal à GV, il faut diviser N'C en deux parties égales, ce qui donne I; Du point D/2, et par le point I, faire passer une ligne et la prolonger jusqu'à la rencontre de MP, donnant le point N; de ce point mener la ligne horizontale NJ, ce qui termine le rectangle inscrit VZNJ.

Pour circonscrire un rectangle autour d'un rectangle donné.

Fig. 81. Soient E'A'B' les côtés visibles du rectangle donné; A'T est l'espace qui doit exister entre les deux rectangles.

Prendre la grandeur A'T et la reporter de B' en T'; du point P et par les points T et T' faire passer des lignes et les prolonger indéfiniment; diviser A'T en deux parties égales, ce qui donne R; du point D/2 et par le point R faire passer une ligne qui donne X à sa rencontre avec PT prolongé, TX est égal à TA'; du point X diriger sur le prolongement de PT' une horizontale qui détermine le point Y. X et Y sont deux des angles du rectangle circonscrit. Pour déterminer E'H égal à A'L, du point E' mener une horizontale E'S, la diviser en deux, ce qui donne R'; de ce point mener une ligne au point D/2; sa rencontre avec A'P donne le point H; par ce point mener une horizontale UH, ce qui termine le rectangle circonscrit.

Si l'on prolonge UH jusqu'à la rencontre de T'P, on obtient l'angle non visible K.

Remarque. — Pour opérer en perspective, on a très-souvent besoin de trouver une grandeur égale à une grandeur donnée, l'une d'elles étant fuyante et l'autre de face; puisque ces grandeurs sont égales, elles sont dans les conditions des côtés d'un carré : ainsi, dans la fig. 81, nous venons de voir que A'T est égal à TX. Si nous prolongeons PA' jusqu'à L, nous avons le carré A'LXT; donc, XT et TA' sont des côtés d'un même carré.

PLANCHE XII.

Pour construire une corniche et ses moulures.

Fig. 82. Soit donné le profil ABCDE, que l'on place au point H, milieu de XG.

Du point X mener une horizontale qui, à la rencontre d'une ligne menée du point P par le point A, donne le point I. Comme l'on a le point D/2, on divise IX en deux parties égales, ce qui donne le point J; du point D/2 et par le point J faire passer une ligne qui donne le point A', et joindre ce point avec E'; la ligne A'E', vue en perspective a la même inclinaison que la ligne AE du profil; du point P et par les points B et D faire passer des lignes qui donnent B'D' à la rencontre de A'E'; du point B' abaisser une verticale jusqu'à la rencontre de la ligne PC prolongée, ce qui donne le point C'; enfin, en menant des horizontales à partir des points A', B', C', D', E', on aura l'un des angles de la corniche avec ses moulures.

L'angle le plus éloigné de cette corniche s'obtient en opérant de même. Si l'on a bien compris la figure précédente, on ne devra éprouver aucune difficulté.

Pour déterminer l'arête que doit former une corniche avec un mur vertical fuyant.

Fig. 82. Soient déterminés le côté A'A", ainsi que la la ligne A'U qui aboutit au mur au point U.

Du point P et par le point R faire passer une ligne qui détermine le point U à son intersection avec une horizontale menée du point A'; joindre les points UY par une droite; obtenir Z en abaissant une verticale du point L, et joindre les points Z et O par une ligne fuyante qui doit concourir au point P, ce qui donne l'arête de la corniche sur le mur fuyant.

Remarque. — ULZOY est le profil fuyant de la corniche sur un mur fuyant.

Trouver l'arête formée par l'angle rentrant de deux corniches qui se coupent à angle droit.

Fig. 83. Soient donnés EE' le côté fuyant de la corniche et le point D/2.

La verticale OM est l'arête du mur; du point O mener une horizontale indéfinie qui, à sa rencontre avec la ligne AP, donne le point R. Pour trouver le point A', sommet de l'arête de la corniche, il faut obtenir une grandeur RA' égale à RO. A cet effet, on divisera RO en deux parties égales, ce qui donnera le point S, et du point D/2 et par ce point S on fera passer une ligne donnant A' à sa rencontre avec AP. Le point A' étant trouvé, le joindre avec le point E' par une droite qui nous donnera les points B' et H' à sa rencontre avec les lignes BP et HP. Du point B' abaisser une verticale qui donne le point C' et termine l'arête A'B'C'H'E'; ensuite; pour terminer la corniche de face des points A', B', C', H' et E', mener des horizontales, qui complètent la figure.

Remarque. — L'opération de cette figure est absolument la même que celle de la fig. 80.

Pour mettre un chapiteau en perspective, le profil étant donné.

Fig. 84. Soit donné le profil ADJICB.

Du point P et par les points A et B faire passer des lignes indéfinies; puis prendre à volonté le point N; de ce point et par le point O faire passer un ligne qui donne le point V à sa rencontre avec BP; mener ensuite les horizontales VT et MN; elles forment le carré NMVT, carré supérieur du chapiteau.

Pour le carré qui est au-dessous, du point P et par les points D et C faire passer des lignes indéfinies; puis, des points N, M, V et T, abaisser des verticales jusqu'à la rencontre de ces lignes, ce qui forme le carré N'M'V'T'.

Pour le carré N''M''V''T'', qui est le plus bas et le plus petit, du point O, centre du chapiteau, abaisser une verticale indéfinie; puis, du point D et par le point J, faire passer une ligne qui, à sa recontre avec cette verticale, donne le point S; de ce point, mener des lignes aux points N' et T', qui, à leur rencontre avec la ligne menée du point P et par le point J, déterminent les points N'' et T''; de ces points mener des horizontales qui, à leur rencontre avec la ligne menée du point P par le point I, donnent les points M'' et V'' et terminent le carré N'' M'' V'' T''. Les cercles inscrits dans ces carrés se décrivent de la même manière que celui de la pl. XIV, fig. 94.

Quant aux courbes DJ et CI, qui joignent les extrémités du cercle, elles se décrivent de sentiment.

On propose de construire un carré sur une ligne horizontale donnée ; cette ligne doit être au milieu du carré.

Fig. 85. Soit AB cette ligne donnée.

Du point P et par les points A et B faire passer des lignes indéfinies. Si la distance n'est pas déterminée, on prend à volonté le point I, en supposant BI égal à la moitié de AB; ensuite, du point I et par le point C, milieu de AB, faire passer une ligne qui donne le point G, la grandeur AG est égale à BI; et cette ligne IG est la diagonale du carré à construire.

Si la distance avait été donnée, la D/2, par exemple, il aurait fallu diviser BC, moitié de AB, en deux parties égales; puis, du point de division E, on aurait mené une ligne au point D/2, ce qui aurait donné le point I; BI égalerait BC; puis il aurait fallu mener la ligne ICG, qui aurait déterminé le point G. Alors, des points I et G mener des horizontales qui donnent les points K et H, et terminent le carré.

DE LA PERSPECTIVE DES CERCLES.

Pour construire une suite de demi-cercles de face, formant une voûte dite en berceau.

Fig. 86. Le premier cercle étant décrit, AB est son diamètre.

Des points A et B mener des lignes au point P, prendre à volonté le point E; AE est l'écartement du premier au second cercle.

Du point E mener une horizontale qui, à sa rencontre avec BP, donne le point H; EH sera le diamètre du second demi-cercle. Du point C, centre du premier demi-cercle, mener une ligne au point P. Cette ligne déterminera le centre de tous les autres demi-cercles, par conséquent elle donne le point G; de ce point comme centre, et d'un rayon égal à GH, décrire le second demi-cercle. Pour obtenir le troisième demi-cercle, du point B et par le point G, faisant passer une ligne, sa rencontre avec AP donnera le point J; JE est égal à EA. Cette opération peut servir toutes les fois que l'on voudra trouver une grandeur égale à une grandeur donnée, ces grandeurs se touchant immédiatement. J'ai donné cette opération pl. IX, fig. 75 et 76.

Du point J mener une horizontale JK, qui est le diamètre du troisième demi-cercle; le point I est le centre de ce demi-cercle; du point H et par le point I, faisant passer une ligne, elle donne le point O; mener la ligne horizontale ON, etc. Par ce moyen on obtiendra autant de demi-cercles que l'on voudra.

Pour construire un parquet de dalles carrées, dont les côtés vont tendre au point de distance.

Fig. 86. Construire d'abord un parquet de dalles carrées, semblable à celui que j'ai donné pl. VI, fig. 54, puis tracer les diagonales de chacun des carrés. Ces diagonales forment naturellement le parquet que l'on avait à construire.

Remarque. — Lorsqu'un cercle est de face, il se décrit au compas; mais lorsqu'il est vu en fuite, il se décrit à la main, en le faisant passer par des points que l'on détermine; alors il paraît elliptique, et il est plus ou moins développé, suivant la distance du tableau ou du dessin.

Pour construire un demi-cercle vu en fuite.

Afin de se rendre parfaitement compte de l'opération que je vais faire, il est urgent d'opérer d'abord sur un demi-cercle vu de face ou géométralement. Au reste, les lettres étant les mêmes sur les deux figures, on peut suivre l'opération sur les deux à la fois.

Fig. 87 et 88. Le diamètre fuyant AB étant donné, des points A et B élever des verticales indéfinies : comme il n'y a pas de points de distance, prendre à volonté le point E, hauteur du rectangle qui doit contenir le demi-cercle; de ce point mener une ligne au point P; elle donnera le point C et terminera le rectangle AECB; la profondeur AB est égale à deux fois la hauteur AE, parce qu'un demi-cercle est toujours compris dans deux carrés placés à la suite l'un de l'autre. Pour obtenir le demi-cercle, il faut mener les diagonales AC et BE, elles donnent le point X pour centre du rectangle; de ce point élever une verticale, qui donnera le point 3, sommet du demi-cercle; diviser AE en cinq parties égales, par le moyen que j'ai donné pl. II, fig. 21 ; du point G, première division, mener une ligne au point P; son intersection avec les diagonales donne les points 2 et 4; faire passer ensuite la courbe par les points A, 2, 3, 4 et B, elle sera la circonférence du demi-cercle vu en fuite.

PLANCHE XIII.

Pour obtenir un aqueduc percé d'arcades terminées par un demi-cercle.

Fig. 89. La profondeur AB d'une arcade étant donnée, ainsi que celle d'un pilier BI, on propose de trouver alternativement ces profondeurs.

Des points A et B élever des verticales, prendre à volonté le point E et opérer comme à la fig. 88 de la planche précédente; ensuite, du point P élever une verticale indéfinie, et du point A et par le point C faire passer une ligne; leur intersection donne le point D/2. Effectivement, dès que je suppose BC égal à la moitié de AB, le rectangle AECB est formé de deux carrés; donc la diagonale de ce rectangle ira tendre moitié plus bas que celle d'un carré, donc elle donne le point D/2. Pour obtenir la profondeur de la seconde arcade, du point I mener une ligne au point D/2, ce qui donne, à sa rencontre avec EP, le point J. De ce point abaisser une verticale; elle complète le rectangle ILJK, dans lequel doit être inscrit le second demi-cercle. Pour obtenir la profondeur du second pilier, prolonger JI jusqu'à la rencontre de la verticale abaissée du point B, ce qui donne H; de ce point mener une ligne au point P; l'intersection de cette ligne et de celle qui est abaissée du point J donne le point N. De ce point mener une ligne au point D/2, ce qui donne la profondeur du second pilier au point O, et la profondeur de la troisième arcade au point R, etc.

Pour tracer les courbes des demi-cercles, opérer de même que pour celle du premier. La ligne d'opération GP doit servir à déterminer sur les courbes tous les points correspondants.

L'aqueduc que l'on voit représenté sur la planche I a été obtenu par cette opération.

Pour tracer des demi-cercles parallèles à des demi-cercles donnés.

Fig. 90. La ligne CB est l'espace déterminé qui doit exister entre ces demi-cercles.

Du point P et par le point C faire passer une ligne indéfinie. Cette ligne forme, avec AP, une échelle fuyante; toutes les lignes comprises dans cette échelle seront donc égales à la ligne BC.

Prendre à volonté sur le demi-cercle un point E, de ce point abaisser une verticale jusqu'à la rencontre de AP, ce qui donne X; de ce point mener une horizontale qui donne le point G; du point G élever une verticale, et du point E mener une horizontale, ce qui donne H, point par lequel passera la courbe parallèle que l'on veut obtenir. Pour tracer cette courbe avec plus de facilité, prendre autant d'autres points semblables que l'on voudra, et faire passer la circonférence du demi-cercle par tous ces points.

Pour obtenir les autres cercles parallèles, des points E et H mener des lignes au point P; l'intersection du second demi-cercle et de la ligne EP donne K; de ce point, menant une horizontale, sa rencontre avec HP donne L, point pour tracer cette nouvelle courbe. On obtiendra, par le même moyen, autant de points que l'on voudra.

Pour diviser la circonférence d'un demi-cercle fuyant en parties égales.

Fig. 91. Soit le demi-cercle ABE, dont on veut diviser la circonférence en dix, par exemple.

Du point C, centre du cercle, et d'un rayon égal à CB, décrire un quart de cercle jusqu'à la rencontre d'une horizontale menée du point C, ce qui donne F; diviser l'arc BF en cinq parties égales, ce qui donne les points 1, 2, 3 et 4; de ces points mener des horizontales jusqu'à la rencontre de la ligne BC, ce qui donne les points O, G, H et I; du point P, et par ces points, faire passer des lignes qui, à la rencontre de la circonférence du demi-cercle, donneront les points J, J', K, K', L, L', M, M', et la diviseront en dix parties égales.

Si l'on avait voulu diviser la circonférence du demi-cercle fuyant en un nombre impair, en neuf, par exemple.

On aurait divisé BF en quatre parties et demie, puis on aurait opéré de même que ci-dessus.

Pour diviser un quart de cercle en quatre parties et demie, on le divise en neuf; puis de deux divisions on n'en fait qu'une.

Pour circonscrire un demi-cercle à un demi-cercle donné.

Fig. 92. Soit AEB le demi-cercle donné, et EE' la distance qui doit exister entre les deux demi-cercles.

Du point C mener une horizontale, et prendre à volonté, sur cette ligne, un point F; joindre ce point F avec le point E', puis de E mener une horizontale qui donne le point G; prendre la grandeur EG et la reporter de C en G'; par les points P et G' tracer une ligne qui forme échelle fuyante avec AP.

D'un point N pris à volonté sur le cercle donné, abaisser une verticale jusqu'à la ligne AP donnant N'; de ce point mener une horizontale qui donne I; la grandeur N'I est égale perspectivement à CG'; prendre la grandeur N'I et la reporter de N en I': puis, du point F et par le point I', faire passer une ligne qui, à sa rencontre avec celle qui part du centre C et passe par N, donne le point H, point de la courbe que l'on veut établir.

On obtiendra, par ce moyen, autant de points que l'on voudra.

Quant aux extrémités du demi-cercle, on les obtiendra en menant, des point A et B, des horizontales qui donnent sur la ligne PG' les points M et L; du point F et par les points M et L faire passer des lignes qui, à leur rencontre avec PA prolongé, donnent les points A' et B', et terminent l'opération qui sert à tracer le demi-cercle circonscrit.

PLANCHE XIV.

Pour construire un cercle fuyant placé horizontalement.

Fig. 93 et 94. On remarquera que, sur les deux figures, les mêmes lettres sont répétées, afin que l'on puisse suivre l'opération sur le géométral et sur le perspectif, ce qui doit beaucoup aider. Ainsi, j'engage à suivre la démonstration sur les deux à la fois.

Après avoir formé le carré GVEH et avoir obtenu, par la rencontre de ses diagonales, les deux diamètres AC et BX, il faut mener les diagonales VC, GA, AH et CE; diviser VG en quatre parties égales, ce qui donne les points M et N; mener les lignes MA et NC, et l'on obtient les points J et K à la rencontre des diagonales GA et CV. Pour obtenir les points L et I, des points K et J, mener des parallèles aux côtés du carré. En faisant passer la circonférence du cercle par les points A, J, B, K, C, L, X, I, A, on aura le cercle fuyant.

Remarque. — Pour tracer un cercle avec le plus de facilité possible, il faut commencer par les portions JBK et IXL, ensuite IA et LC, et terminer par la partie la plus difficile JA et CK. Il faut observer que cette dernière partie est très-développée et paraît plus grande (quoiqu'elle ne le soit pas) que le diamètre AC. C'est au tracé de ces extrémités de cercle que l'on reconnaît si une personne a le sentiment de la perspective.

Pour diviser la circonférence d'un demi-cercle de face en huit parties égales.

Fig. 95. Soit A 4 C le demi-cercle donné.

Du point O, centre du demi-cercle, élever une verticale, ce qui divise le demi-cercle en deux et donne le point 4. Des points A et 4 comme centres, et d'un rayon pris à volonté (plus grand que la moitié de A 4), décrire deux arcs qui se coupent en V; joindre ce point avec le point O, ce qui donne le point 6 et divise A 4 en deux parties égales. Opérer de même pour obtenir le point 7, etc.; c'est-à-dire des points 6 et A, comme centres, décrire deux arcs de cercle se coupant au point T; joindre ce point avec le point O, ce qui donne le point

7, qui divise A 6 en deux parties égales. Opérer de même pour les autres points.

Pour diviser la circonférence d'un cercle fuyant en parties égales.

Fig. 95. Soit ABCX la circonférence du cercle que l'on veut diviser, en seize parties égales, par exemple.

Du point O, centre du cercle, et d'un rayon égal à OA, décrire un demi-cercle; diviser la courbe de ce demi-cercle en huit parties égales; des points de division 1, 2, 3, 4, 5, 6 et 7, abaisser des verticales jusqu'à la rencontre du diamètre AC, ce qui donne les points E, V, G, O, H, I et J; du point P et par ces points mener des lignes qui donnent, sur la circonférence du cercle, les points K, K', L, L', M, M', B, X, N, N', R, R', S, S', divisant la circonférence du cercle donné en seize parties égales.

Pour circonscrire la circonférence d'un cercle autour d'un cercle donné.

Fig. 96. Soient donnés le cercle ABCX, et la distance AA', qui est celle qui doit exister entre les deux cercles.

Du centre O élever une verticale indéfinie; prendre à volonté sur cette verticale le point S et le joindre avec le point A'; du point A élever une verticale jusqu'à la rencontre de la ligne A'S, ce qui donne le point E; prolonger la ligne AC jusqu'à la rencontre d'un des côtés du tableau, jusqu'au point G, par exemple; prendre la grandeur AE et la reporter de G en H; prendre le point F à l'intersection de la ligne d'horizon avec le côté du tableau; de ce point et par le point H faire passer une ligne indéfinie : les lignes GF et HF forment une échelle fuyante; toutes les horizontales comprises dans cette échelle seront donc de même grandeur et égales à la ligne HG. D'un point I, pris à volonté sur la courbe du cercle donné, mener une horizontale jusques et compris dans l'échelle fuyante, ce qui donnera la grandeur JK; porter cette grandeur de I en L sur une verticale élevée du point I; puis, du centre O et par I, faire passer une ligne qui, à sa rencontre avec une autre menée de S et par le point L, donne M, point de la courbe demandée. Obtenir de même autant de points que l'on voudra, et faire passer la courbe circonscrite par ces points. La grandeur CC' est égale à la grandeur AA', comme étant sur la même ligne.

Pour tracer une tour ronde.

Fig. 97. Construire le carré qui doit contenir la circonférence du cercle supérieur de la tour par le moyen que j'ai donné, pl. XII, fig. 85 ; puis, après avoir déterminé la circonférence du cercle par les points extrêmes de ces cercles, abaisser des verticales, ce qui forme la tour.

Par un point pris à volonté sur une tour ronde, on propose de mener un cercle.

Fig. 97. Soit le point G que l'on a déterminé.

Du point G élever une verticale jusqu'à la rencontre de la courbe AG'IB, ce qui donne le point G'; de ce point mener une ligne au point P, ce qui donne le point H à la rencontre du diamètre AB; du point H abaisser une verticale, et de G mener une ligne au point P, ce qui donne H'; par ce point mener la ligne A'B', qui est le diamètre du cercle que l'on désire.

Prendre à volonté sur le cercle AG'B un point I, et de ce point mener une ligne au point P, ce qui donne le point O à la rencontre du diamètre AB; du point O abaisser une verticale qui donne O' à la rencontre du diamètre A'B'; du point P et par le point O' faire passer une ligne jusqu'à la rencontre d'une verticale abaissée du point I, ce qui donne le point I', autre point de la courbe. Trouver de même plusieurs points semblables pour tracer la courbe que l'on veut obtenir.

Par ce moyen on pourra tracer sur cette tour autant de cercles que l'on voudra.

Remarque. — Dans une tour ronde, c'est toujours le cercle le plus éloigné de l'horizon qui détermine le gracieux de cette tour; par conséquent, on doit toujours l'établir le premier.

Si l'on avait perdu la distance, ou bien si l'on avait dessiné d'après nature ce cercle supérieur de la tour, et qu'ensuite on désirât trouver la distance, il faudrait circonscrire un carré autour d'un cercle AIB. A cet effet, du point P et par les points A et B faire passer des lignes indéfinies, mener la ligne MN tangente au cercle; du point N et par le point O, milieu de AB, faire passer une ligne jusqu'à la rencontre de la ligne MP, ce qui donne le point R; mener la ligne RT, ce qui déterminerait le carré MRTN; puis chercher la distance ou une fraction de la distance.

PLANCHE XV.

Pour diviser plusieurs lignes en parties égales ou en parties proportionnelles.

Si l'on n'a qu'une ou deux lignes à diviser, on opère comme je l'ai démontré pl. II, fig. 21; mais lorsqu'il s'en trouve un plus grand nombre, on a recours à l'opération que je vais indiquer.

Fig. 98. Soit donnée une ligne AB, qui contient des divisions égales ou inégales, telles que A, 2, 3, 4, 5, B; soient aussi données des lignes GH, DE, MN, OL, que l'on veut diviser juste proportionnellement à AB.

On élèvera d'abord un triangle équilatéral sur la ligne AB; du sommet C de ce triangle, et par les points 2, 3, 4 et 5, on mènera des lignes indéfinies et on prolongera les côtés CA et CB du triangle. Puis, pour obtenir les divisions que doit contenir la ligne GH, d'une ouverture de compas égale à cette ligne et du point C comme centre, décrire un arc de cercle G'H' et joindre ces points par une ligne droite; vu la propriété du triangle, cette ligne G'H' est égale à GH, et elle se trouve naturellement toute divisée.

On obtiendra de même la division des lignes DE, MN et OL.

Pour placer à égale distance un grand nombre de cercles parallèles horizontaux, le premier étant tracé.

Fig. 99. Quand une tour ronde est formée par des assises en pierres de taille, ces assises sont ordinairement de même grandeur; pour tracer ces assises, il faut prendre plusieurs points à volonté sur le cercle supérieur, tels que, sur cette figure, les points A, D, V, E et B, et de ces points abaisser des verticales indéfinies; si l'on divise en deux parties égales un espace tel que celui compris entre les points A et 8, c'est-à-dire la distance du cercle donné à l'horizon, on obtiendra le point 4. Divisant de même les verticales D 8, V 8, E 8, et B 8, on aura, au milieu de chacune d'elles, leur point 4. Joindre tous ces points 4 par une courbe, elle représentera la circonférence d'un cercle placé moitié moins élevé, ou moitié moins éloigné de l'horizon que le cercle ADVEB; si l'on divise encore en deux parties égales les verticales A 4, D 4, V 4, E 4 et B 4, on obtiendra des points A"D"V"E" et B"; ainsi, pour tracer la circonférence d'un cercle parfaitement parallèle au cercle donné ADVEB, en divisant successivement en deux parties égales chacun des espaces compris entre deux cercles, on aura successivement un nouveau cercle parallèle à ces cercles. Ce moyen est très-simple et très-expéditif lorsque l'on n'a que peu de cercles à tracer; mais si l'on en a beaucoup, il est préférable d'employer l'opération de la fig. 98, c'est-à-dire, après avoir abaissé les verticales des points ADVEB, de diviser ces verticales en un même nombre de parties égales depuis les points A, D, V, E, B, etc., jusqu'à l'horizon, ce qui donne les points A', A", etc., D', D", etc., V'V" etc., E' E" etc., B', B", etc.: joignant les points correspondants par des courbes, on aura les cercles parallèles que l'on voulait obtenir. Pour avoir les cercles au-dessous de l'horizon, prendre la grandeur AA' et la reporter sur la verticale prolongée de 8 en 9, de 9 en 10, etc.; prendre la grandeur DD' et la reporter de même sur le prolongement de sa verticale sous l'horizon, etc. Opérer de même pour chaque verticale.

Remarque. — Le cercle qui est juste en face de l'horizon semble être une ligne droite; ceux qui sont au-dessus de l'horizon paraissent descendre, et ceux qui sont au-dessous paraissent monter; plus les courbes sont éloignées de l'horizon, plus cela est sensible.

La courbe est aussi plus ou moins prononcée selon qu'elle se trouve plus ou moins enfoncée dans le ta-

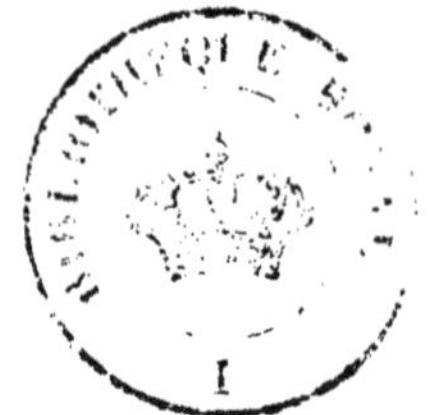

bleau. Dans les lointains, les courbes paraissent presque des lignes droites.

Ayant déterminé plusieurs cercles d'une tour ronde, on propose de circonscrire un cercle autour d'un de ces cercles donnés.

Fig. 99. Soit donné AM, l'écartement qui doit exister entre les deux cercles.

Du point M et par le point A' mener une ligne qui, à sa rencontre avec une verticale abaissée du point O, centre du cercle donné, déterminera le point S. Du point O et par le point D faire passer une ligne indéfinie; du point D abaisser une verticale donnant le point D' à la rencontre du cercle A'D'B'; du point S et par le point D' faire passer une ligne qui donne le point X à sa rencontre avec la ligne OD prolongée; X est un des points de la courbe. Obtenir de même autant de points que l'on voudra pour faire passer la courbe qui donne le cercle circonscrit.

Si l'on voulait former un toit conique pour terminer la partie supérieure de la tour, on déterminerait le point T, sommet de ce toit, en élevant du point O, milieu de la tour, une ligne verticale; puis de ce point T, on abaisserait les lignes TM et TN, tangentes au cercle MUN; on aurait ainsi le toit conique MTN.

Pour construire une arène ou un escalier circulaire.

Fig. 100. Soient donnés le demi-cercle AEE'A, et les profils AA' BB'C qui se trouvent à ses extrémités.

Prendre à volonté sur l'horizon un point F, et de ce point mener des lignes aux points M, N et U, centres des demi-cercles AA, A'A', BB, B'B', CC : la rencontre de la ligne MF avec le cercle donné donne le point E. De ce point élevant une verticale jusqu'à la rencontre de la ligne NF, on a le point X; EX est la hauteur de la première marche.

Pour obtenir une seconde marche, du point C et par le point A, mener une ligne qui, à sa rencontre avec la verticale centrale UM prolongée, donne le point S; de ce point et par le point E faire passer une ligne indéfinie, qui, à sa rencontre avec les lignes NF et UF, donne les points G et Z, profondeur de la première et de la deuxième marche. Du point G élever une verticale qui donne le point H, hauteur de la seconde marche. Prendre de même autant de points que l'on voudra, puis, joignant les points correspondants, on tracera les courbes qui forment les marches.

Remarque. — Si l'on prend à volonté sur la courbe CZZ'C plusieurs points, que par ces points on élève des verticales indéfinies, que, depuis ces points jusqu'à l'horizon, on divise ces verticales en un même nombre de parties égales, et que l'on joigne les points correspondants, on aura des courbes parallèles à la courbe donnée. Si l'on prend une division de chaque verticale et que l'on reporte les divisions au-dessus de l'horizon, chacune sur leur verticale, on aura les points pour tracer une courbe au-dessus de l'horizon, et ainsi de suite.

Ce principe est le même que celui de la fig. 99.

Pour déterminer la grandeur d'une porte égale à son ouverture.

Fig. 101. Soient donnés AB, l'ouverture de la porte, et la ligne BC, direction de la base de la porte.

Prendre la grandeur AB et la reporter de B en O; du point P et par les points A, B et O, faire passer des lignes indéfinies; diviser BO en deux parties égales, parce qu'on a la demi-distance, ce qui donne le point M; du point D/2 et par le point M faire passer une ligne qui donne le point R, à sa rencontre avec PO prolongé; OR est égal à BO. Du point R mener une horizontale qui, se recontrant avec les lignes PB et PA prolongées aux points N et T, termine les carrés BATN et BNRO; décrire ensuite dans ces carrés le demi-cercle ANO, il détermine la grandeur de la ligne BC, car, en s'ouvrant, la porte doit décrire un cercle; ce cercle aura pour centre le point B, et pour circonférence la courbe ANO : donc BC doit se terminer à cette circonférence.

Pour déterminer la hauteur et la direction de la ligne du haut de la porte, prolonger CB jusqu'à l'horizon, ce qui donne le point F; de ce point, et par le point B', faire passer une ligne que l'on prolonge jusqu'à la rencontre de la verticale élevée du point C, ce qui donne le point C'; décrire le cercle fuyant du sommet de la porte par le moyen indiqué pl. XII, fig. 88, opérant comme si les lignes fuyantes allaient concourir au point P.

Pour déterminer la grandeur d'un volet égale à l'ouverture d'une croisée.

Fig. 102. Soient donnés AB pour l'ouverture de la croisée, et AK pour la direction de la base du volet.

Des points A et B abaisser des verticales jusqu'à la rencontre de la base du mur, ce qui donne les points A' et B'; de ces points mener des horizontales indéfinies; du point D/2, et par le point B', faire passer une ligne indéfinie donnant le point O à sa rencontre avec l'horizontale menée de A'; prendre la grandeur A'O et la reporter de O en G; du point P, et par le point G, faire passer une ligne jusqu'à la rencontre de la ligne B'O prolongée, ce qui donne le point E; de ce point mener une horizontale jusqu'à la base du mur, elle donne le point H; le rectangle B'LEH contient deux carrés; décrire le demi-cercle B'GH comme il a été dit précédemment; puis prolonger la ligne KA jusqu'à l'horizon, ce qui donne le point F; de ce point et par le point A' faire passer une ligne qui, à sa rencontre avec le demi-cercle, donne le point J; de ce point élever une verticale indéfinie : elle détermine la grandeur du volet; du point F et par le point V, hauteur de la fenêtre, mener une ligne donnant le point M à sa rencontre avec la verticale élevée du point J, ce qui termine le volet.

PLANCHE XVI.

Pour décrire des ogives ayant leurs côtés égaux à la largeur de leur base.

Fig. 103. Soit donnée la largeur AB pour base de l'ogive que l'on veut décrire.

Des points A et B comme centres, et d'un rayon égal à leur écartement, décrire deux arcs de cercle qui se coupent en E, ce qui formera une première ogive AEB. Pour décrire la seconde ogive, des points A, E et B mener des lignes au point P; déterminer à volonté ou d'après nature la profondeur AA' qui doit exister entre les deux ogives, et mener la ligne A'B', qui servira à décrire la seconde ogive A'E'B'.

Pour décrire des ogives fuyantes.

Fig. 103. Soient données les grandeurs BA et AV; elles ont été déterminées à volonté ou obtenues d'après nature: il faut obtenir les grandeurs fuyantes VH et HG, qui doivent leur être égales.

Comme je n'ai pas de distance déterminée, je prends à volonté la grandeur VH, et je la suppose égale à VA : il me reste à obtenir HG; pour cela il faut joindre B avec un point quelconque T, pris sur l'arête formée par le mur de face et le mur fuyant; la rencontre de cette droite avec la verticale abaissée du point A donne le point U; de ce point mener une ligne horizontale qui, à sa rencontre avec la ligne VT, arête du mur, donne le point S; du point P et par le point S mener une ligne qui détermine le point U' à sa rencontre avec la ligne abaissée de H; enfin, si du point T on dirige par le point U' une ligne indéfinie, sa rencontre avec la ligne VH prolongée donne le point G; la grandeur HG est perspectivement égale à la grandeur AB.

La largeur HG de l'ogive fuyante étant obtenue, pour déterminer sa hauteur, il faut du point E, sommet de l'ogive de face, mener une horizontale EE''; puis du point P et par le point E'' faire passer une ligne indéfinie; cette ligne limite la hauteur de l'ogive fuyante.

Pour trouver plusieurs points servant à décrire l'ogive : diviser la grandeur AK, moitié de l'ogive de face, en parties égales, en trois, par exemple, ce qui donne les points L et I; de ces points élever des verticales jusqu'à la rencontre du côté AE de l'ogive, ce qui donne les points 2 et 3. De ces points 2 et 3 mener des horizontales jusqu'à la rencontre de la verticale E''T, arête du mur, ce qui donne les points L' et I'; du point P et par ces points faire passer des lignes indéfinies. Puisque la moitié de AB est divisée en trois, il faut diviser GH en six par le moyen indiqué pl. VII, fig. 63. De tous les points de division de la ligne GH élever des verticales qui donnent les points 4, 5, 6, 7 et 8, à leur rencontre avec les lignes prolongées PI', PL' et PE''. En faisant passer les courbes de l'ogive l'une par les points H, 4, 5 et 6, et l'autre par les points 6, 7, 8 et G, on aura complétement tracé l'ogive fuyante.

L'ogive qui a pour base MN s'obtient de la même manière, et comme elle est perspectivement égale à la première, elle se trace au moyen des mêmes lignes d'opération.

Remarque. — Toutes les ogives fuyantes se décrivent par une même opération. On doit toujours commencer par en tracer une en géométral ou vue de face. Ce géométral est ici l'ogive AEB; mais si l'on n'avait pas eu dans cette figure une ogive en géométral, on aurait dû en tracer une à part sur une autre feuille, puis reporter la grandeur KE de V en E'', celle L 3 de V en L', etc.

Pour construire un éperon ou contre-fort.

Fig. 103. Des points N et G, écartement de la base des ogives fuyantes, abaisser des verticales pour déterminer les lignes DJ et D'J' tendant au point de fuite principal. Pour diviser DJ en deux parties égales, mener les diagonales DJ'' et JD'' donnant à leur rencontre le point O, par lequel on fera passer la verticale RR', milieu des lignes DJ et D'J', et en même temps milieu de l'écartement NG.

Du point R mener une horizontale, et prendre à volonté sur cette ligne le point Z; joindre ce point avec D et J, ce qui donne la ligne ZD et ZJ.

Pour mener du point D' une parallèle à DZ, du point R' mener une horizontale jusqu'à la rencontre de la verticale élevée du point Z : elle donne le point Z';

joindre ce point avec les points D' et J', et les lignes Z'D' et Z'J' sont parallèles à ZD et ZJ.

Pour tracer le sommet de l'éperon, prendre à volonté, sur la verticale RR', le point X et le joindre avec les points D'Z', et on a l'éperon entièrement construit.

Pour décrire des ogives de face, dont la largeur de la base est plus grande que la longueur des côtés.

Fig. 104. Soit AB la largeur de la base et XZ la hauteur de l'ogive; pour tracer les courbes AZ et BZ de cette ogive, il faut se reporter à la pl. II, fig. 34, et opérer absolument comme on a opéré à cette figure pour obtenir les courbes MP et NP. Pour décrire d'autres ogives à la suite de cette première, il faut, de tous les points de l'ogive et des opérations qui ont servi à la former, mener des lignes au point de fuite principal.

Pour construire une voûte d'arête.

Les voûtes d'arête sont formées par deux voûtes qui se coupent à angle droit.

Fig. 104. Déterminer à volonté la profondeur BC, que l'on suppose égale à la largeur BA; puis de C mener une horizontale jusqu'à la rencontre de AP, ce qui donne le point E et forme le carré ABCE; des quatre angles de ce carré élever des verticales indéfinies, et former le carré A'B'C'E', dont les côtés A'B' et E'C' touchent au sommet des ogives; mener les diagonales A'C' et B'E'; leur intersection donne O, point de rencontre des courbes. Prendre à volonté sur la première ogive un point H; de ce point mener une horizontale jusqu'à la rencontre des lignes AA' et BB', ce qui donne les points A'' et B''; de ces points, en menant des lignes au point de fuite principal, on obtiendra les points E'' et C'', et on formera le carré A''B''C''E'', puis on mènera ses diagonales; du point H et du point G obtenus à l'intersection de l'horizontale de HB'' avec la seconde portion de courbe de l'ogive, mener des lignes au point P : leur intersection avec les diagonales A''C'' et B''E'' donne les points 2, 3, 4 et 5.

On tracera les ogives en faisant passer les courbes l'une par les points A, 2, O, 5 et C, et l'autre par les points B, 4, O, 3 et E. Pour plus de facilité, on peut obtenir un plus grand nombre de points en prenant des points à volonté, de même qu'on a pris le point H, sur l'ogive donnée, et en opérant comme je viens de le faire pour les points 2, 3, 4 et 5.

Pour former les deux ogives fuyantes qui terminent cette voûte.

Du point O mener une horizontale jusqu'à la rencontre des lignes A'E' et B'C', ce qui donne les points M et N; puis des points 2, 4, 3 et 5 mener des horizontales jusqu'à la rencontre des lignes A''E'' et B''C'', ce qui donne les points I, J, K et L. Mener les courbes des ogives de l'une par les points A, I, M, K et E, et de l'autre par les points B, J, N, L et C.

Pour obtenir la distance, il faut diviser AB en deux parties égales, et du point X et par le point E faire passer une ligne qui donne à sa rencontre avec l'horizon le point D/2.

PLANCHE XVII.

Pour placer des édifices sur un terrain montant.

Fig. 105. Soient données les lignes parallèles fuyantes AB et CE, et la ligne horizontale fuyante GH.

Supposons que l'on a dessiné d'après nature les lignes AB et CE fuyantes des bases des édifices; ces lignes sont des parallèles fuyantes, qui, prolongées, donnent le point P', point sur-horizontal; de ce point abaisser une verticale, et en prolongeant la ligne horizontale fuyante GH, on obtient le point de fuite principal P; par ce point faire passer la ligne d'horizon. Le point P' est le point de fuite des lignes fuyantes de la base des édifices, et de toutes celles qui leur sont parallèles et qui doivent suivre l'inclinaison du terrain.

Toutes les lignes horizontales fuyantes, telles que celles des corniches, du sommet et de la base des croisées, etc., vont tendre au point de fuite principal P.

Les lignes qui terminent la partie supérieure des murs de clôture suivent quelquefois la pente du terrain, c'est-à-dire tendent au même point sur-horizontal que leur ligne de base : cet exemple se rencontre très-souvent; d'autres fois elles tendent au point de fuite principal P, telles que les lignes KL, IJ, etc. Dans cette figure, on voit que de distance en distance on a été obligé de relever le mur afin qu'il conserve toujours une certaine hauteur; sans cela il viendrait aboutir au terrain.

Pour placer des figures humaines sur un terrain montant.

Fig. 105. Soit donnée une figure humaine placée au point Y; de ce point mener une ligne horizontale jusqu'au bord du tableau, prendre la hauteur de la figure et la reporter horizontalement de C' en E' : le point C' est l'intersection du côté du tableau avec la ligne horizontale menée du point Y; par le point P' mener une ligne horizontale que je désigne sous le nom de *ligne de fuite sur-horizontale*. La rencontre de cette ligne de fuite avec le côté du tableau nous donne le point F'; joindre ce point avec le point E' en prolongeant cette ligne jusqu'à la base du tableau : les lignes F'E' et F'C' forment une échelle fuyante. Toutes les horizontales comprises dans cette échelle seront égales à la ligne E'C' et par conséquent à la figure donnée. Pour trouver la grandeur d'une figure placée au point S : de ce point mener une horizontale jusques et compris dans l'échelle fuyante; elle donne la grandeur TU, hauteur de la figure. Cette opération est la même que celle donnée pl. III, fig. 40. La différence est dans le point de fuite, qui ici est sur-horizontal, et se trouve placé sur la ligne sur-horizontale P'F', au lieu d'être horizontal et de se trouver sur la ligne d'horizon; mais ses fonctions sont absolument les mêmes.

Pour placer des figures humaines sur des édifices.

Fig. 105. Pour placer une figure humaine au point O, il faut de ce point abaisser une verticale jusqu'au terrain, c'est-à-dire mener une ligne parallèle à l'inclinaison du toit, ce qui donne le point R à la rencontre de la ligne MN, et du point R abaisser une verticale qui donne le point Q à son intersection avec AB, base du mur. Du point Q mener une horizontale jusques et compris dans l'échelle fuyante; elle donne TU, hauteur de la figure que l'on veut placer au point O. On voit que les figures placées aux points O et S, quoique l'une soit plus élevée que l'autre, sont de la même grandeur comme étant au même plan.

On opérera de même pour les figures placées aux points Z et Z', en menant des horizontales jusqu'à la ligne GH, puis en abaissant des verticales jusqu'au terrain et en menant une horizontale jusque dans l'échelle fuyante. Comme ces dernières figures sont placées sur un plan horizontal bien au-dessus de l'horizon, on ne peut en voir la partie inférieure qui se trouve cachée; on aperçoit une plus ou moins grande partie de ces figures, suivant qu'elles se trouvent placées plus ou moins près des lignes G'G et GH.

Il faut remarquer que si l'on dessine ces figures un peu grandes, attendu leur élévation, on doit leur voir le dessous du menton, du nez, etc.; et que si l'édifice était transparent, on verrait le dessous de leurs pieds.

On a malheureusement vu trop souvent des tableaux peints par des hommes de talent, dans lesquels les figures placées sur les édifices montraient le dessus des épaules, de la tête, etc., ce qui était l'inverse de ce que l'on devait apercevoir. Cette faute grave est à éviter.

Remarque. — Deux objets qui sont placés au même plan, l'un sur un édifice et l'autre au pied de cet édifice, doivent être de même grandeur, attendu que tous les points d'un tableau doivent être aperçus sans déranger la tête, et que les divisions égales en réalité, qui se trouvent sur une ligne verticale ou sur une ligne horizontale, doivent apparaître de la même grandeur.

Pour placer des édifices sur un terrain descendant.

Fig. 106. Le terrain est dans une direction horizontale depuis la base du tableau jusqu'à la ligne AC, de sorte que les lignes HC et GA tendent au point de fuite principal P; à partir de la ligne AC, les lignes fuyantes de la base des édifices ont une autre direction, elles suivent la pente du terrain, elles descendent.

La ligne AB étant donnée ou dessinée d'après nature, il faut la prolonger jusqu'à la rencontre d'une verticale abaissée du point P, ce qui donne le point de fuite sous-horizontal P', point de fuite des lignes fuyantes de la base des édifices placés sur le terrain descendant. Comme dans la figure précédente, il y a dans celle-ci quelques murs dont les lignes fuyantes du sommet suivent la pente du terrain, telles que les lignes DD' et XX', et vont par conséquent tendre au point sous-horizontal P'; mais toutes les lignes fuyantes placées horizontalement, telles que celles des corniches, de la base et du haut des croisées, tendent au point de fuite principal P.

Pour placer des figures humaines sur un terrain descendant.

Fig. 106. Soit donnée une figure humaine placée au point I; former l'échelle fuyante comme à la figure précédente, c'est-à-dire du point I mener une horizontale jusqu'au bord du tableau, ce qui donne le point Y; reporter la hauteur de la figure de Y en Z, puis du point F et par le point Z faire passer une ligne qui termine l'échelle fuyante.

Pour les figures qui sont sur le terrain horizontal, il faut opérer avec cette échelle; mais pour celles qui sont placées sur le terrain descendant, il faut du point P' mener une ligne horizontale que j'appelle *ligne de fuite sous-horizontale.* Cette ligne détermine le point F' à sa rencontre avec le bord du tableau; joindre ce point avec le point X, situé à la rencontre de la ligne CA prolongée, qui est l'arête des deux terrains, et la ligne ZX sera le côté de l'échelle fuyante horizontale, tandis que les lignes VF' et F'X forment l'échelle fuyante pour le terrain descendant. Pour placer une figure au point M et obtenir sa hauteur perspective, de ce point mener une horizontale jusques et compris entre les lignes VF' et F'X; elles donnent la grandeur JK, hauteur de la figure; opérer de même pour toutes les autres figures à placer sur le terrain descendant.

Pour tracer un toit en pavillon, dont les deux sommets se trouvent en ligne horizontale.

Fig. 107. Soient donnés le point M' pour hauteur du toit, et les côtés A'E' et A'B'.

Il faut diviser A'B' en deux parties égales, ce qui donne G'; de ce point mener une horizontale, et du point E' une ligne au point P, ce qui donne I'; du point M' abaisser une verticale qui donne J' à sa rencontre avec G'I'; prendre la grandeur G'J' et la reporter de I' en O'; de ce point élever une verticale qui donnera N' à sa rencontre avec une horizontale menée de M', puis joindre les points M'B', M'A' et N'E', ce qui forme le toit en pavillon de cette fabrique.

Remarque. — Du point A' et par le point L', milieu de G'J', faisant passer une ligne droite et la prolongeant jusqu'à l'horizon, on obtient le point D/2.

Tracer un toit en pavillon dont les sommets concourent au point de fuite principal.

Fig. 108. Soient dessinées d'après nature la direction et la longueur des lignes A'B' et B'C', ainsi que la hauteur du toit; le point M' marque exactement cette hauteur et est l'un des sommets.

Il faut diviser A'B' en deux parties égales, ce qui donne E', et de ce point mener une ligne au point P; du point M' abaisser une verticale, donnant le point G' à sa rencontre avec E'P; le point G' correspond au premier sommet ou sommet donné. Pour trouver le point correspondant au second sommet, il faut d'abord déterminer une grandeur H'I' égale à E'G'; à cet effet, diviser E'B' en deux parties égales, ce qui donne K'; de ce point mener deux lignes, l'une passant par le point G' et donnant à sa rencontre avec la ligne d'horizon le point D/2, l'autre allant au point P et donnant à sa rencontre avec la ligne C'H' le point J'; reporter la grandeur H'J' de H' en Q'; du point D/2 et par le point Q' faire passer une ligne qui donnera I' à sa rencontre avec G'P; du point I' élever une verticale, et du point M' mener une ligne au point P; leur rencontre donne le point N', qui est le second sommet du toit.

Pour former l'avance du toit autour d'une fabrique rectangulaire.

Fig. 108. Soit donnée une ligne R'S' pour largeur de l'avance.

Après avoir prolongé cette ligne R' S' indéfiniment, du point I' et par le point C' faire passer une ligne qui détermine le point S', d'où l'on mène une ligne horizontale, ce qui termine cette extrémité du toit. Ensuite du point G' et par le point B' faire passer une ligne qui détermine R'; de ce point mener une horizontale, puis de G' et par A' faire passer une ligne jusqu'à la rencontre de cette horizontale, ce qui détermine le point L'; de ce point mener au point P une ligne qui complète l'avance; puis joindre les points M'L', M'R' et N'S', ce qui termine le toit.

Cette opération est une application de la planche XI, figure 81.

Pour tracer une ligne qui doit suivre l'inclinaison d'un toit.

Fig. 108. Soit le point U' par lequel on veut mener une parallèle à la pente du toit.

Du point G', correspondant au sommet M' du toit, mener une horizontale G'T', c'est-à-dire jusqu'au bord de l'avance du toit; joindre le point T' au point M'; cette ligne donne l'inclinaison géométrale du toit; puis tracer U'V' parallèlement à T'M'. On mènerait de même parallèlement à cette ligne T'M' toutes les lignes de base des objets de face qui pourraient se trouver sur ce toit, c'est-à-dire les lignes d'arête de ces objets avec la surface de ce toit.

PLANCHE XVIII.

DES POINTS DE DISTANCE CONSIDÉRÉS COMME POINTS DE FUITE DES OBJETS VUS D'ANGLE.

On appelle *rayon central de l'œil* un rayon mené perpendiculairement de l'œil du spectateur au tableau; les lignes qui tendent au point de fuite principal sont parallèles au rayon central de l'œil, par conséquent le rayon central de l'œil fait angle droit avec les lignes horizontales.

Les lignes qui tendent aux points de distance font angle demi-droit avec le rayon central de l'œil et avec les horizontales. J'ai suffisamment développé ce principe pl. IV, fig. 44, 45, 46 et 47. J'ajouterai que lorsqu'un angle perspectif est formé de lignes droites tendant aux points de distance, à droite et à gauche du point P, cet angle est un angle droit parfait.

Par un point donné, on propose de construire un carré dont les côtés font angle demi-droit avec le rayon central de l'œil.

Fig. 109. Soit A le point donné.

Du point A mener des lignes aux points de distance D et D', déterminer à volonté la longueur d'un des côtés, au point J, par exemple; de ce point mener une horizontale JK déterminant la largeur du second côté AK égal à AJ; des points J et K mener des lignes aux points de distance, de manière qu'elles se croisent : elles détermineront au point L l'angle le plus éloigné du carré, et on aura le carré demandé.

Principe. — Dans ce carré, l'une des diagonales est horizontale, et l'autre tend au point de fuite principal.

Le géométral va servir à nous rendre compte de cette opération; car si du point P comme centre, et d'un rayon égal à la distance principale, nous décrivons un demi-cercle, nous avons les points D, D'' et D', qui sont également éloignés du point P; si nous joignons ces points par des droites, elles forment un angle droit.

La ligne verticale principale qui joint les points PD'', divise l'angle DD''D' en deux angles égaux, et cette ligne représente géométralement le rayon central de l'œil. Elle représente aussi géométralement la ligne fuyante ALP; de même la ligne D'D'' représente la ligne AKD', et la ligne DD'' représente la ligne AJD.

Remarque importante. — Si au point D'', ou *distance sur-horizontale,* on formait un carré géométral, il serait le géométral du carré perspectif AJLK; la ligne D''A'' représenterait la ligne diagonale AL, et la ligne J''K'' représenterait la diagonale JK.

DES FRACTIONS DE LA DISTANCE.

Par un point donné, on propose de construire un carré dont les côtés font angle demi-droit avec le rayon central de l'œil. — Opérer avec une fraction de la distance.

Fig. 109. Soient donnés le point A, et les points de la demi-distance D/2 et D'/2.

Du point A mener une ligne au point P; diviser AP en deux parties égales, parce qu'on a la demi-distance, ce qui donne A'; de ce point mener des lignes aux points D/2 et D'/2, et par le point A mener des parallèles à ces lignes; prendre à volonté sur la ligne AD le point J, longueur d'un des côtés du carré; de ce point mener une ligne au point P; sa rencontre avec A' D/2 donne le point J'; de ce point mener une ligne au point D'/2, et par le point J mener une parallèle à J' D'/2, ce qui donne le point L; du point J mener une horizontale qui donne K : joindre les points K et L, ce qui termine le carré cherché AJLK.

La ligne géométrale D/2 D''/2 doit être parallèle à la ligne DD'', de même que la ligne géométrale D''/2 D'/2 doit être parallèle à la ligne D''D'.

Remarque.—Si l'on opérait avec le tiers de la distance, on diviserait AP en trois; si on opérait avec le quart de la distance, on diviserait AP en quatre, etc.

Un carré perspectif ayant été dessiné d'après nature, on sait que les côtés vont tendre au point de distance hors du tableau. On propose de trouver le point de fuite principal au point P.

Fig. 109. Il faut simplement prolonger la diagonale fuyante AL jusqu'à l'horizon, car nous savons que dans un carré dont les côtés vont tendre au point de distance, une des diagonales doit être horizontale, et qu'en conséquence l'autre doit tendre au point de fuite principal.

La direction d'une ligne étant dessinée d'après nature, cette ligne prolongée va tendre au point de distance. On propose de déterminer sur cette ligne une grandeur voulue.

Fig. 110. AD est la ligne donnée, on propose de prendre sur cette ligne une longueur de dix-huit pieds.

Soit donnée une figure humaine placée au point M; cette figure est supposée avoir 5 pieds de hauteur. Il faut former à part un carré d'une grandeur à volonté, le carré A"H"G"E", par exemple, et mener la diagonale A"G"; cette ligne représente géométralement les lignes qui vont tendre au point de distance; prendre la grandeur de la figure placée au point M, et reporter sa hauteur MM', sur la diagonale A"G", de A" en B'; A"B' égale la grandeur de la figure donnée, par conséquent une grandeur de 5 pieds. Du point B' mener jusqu'à la rencontre de la ligne A"H une parallèle à G"H", ce qui donne le point C'; A"C' représente une grandeur de 5 pieds réduite pour les lignes qui tendent aux points de distance.

Du point M mener une horizontale jusqu'à la rencontre d'un côté du tableau, jusqu'au point O, par exemple, et prendre la grandeur réduite A"C' et la reporter de O en N; du point F et par le point N faire passer une ligne jusqu'à la base du tableau. Cette ligne détermine une échelle fuyante; toutes les horizontales comprises dans cette échelle auront 5 pieds réduits, et serviront à déterminer des grandeurs voulues sur des lignes qui tendent aux points de distance. Alors, pour déterminer 18 pieds sur la ligne AD, faire passer une horizontale par le point A, cette ligne traversant tout le tableau ; prendre dans l'échelle la grandeur IJ, qui est 5 pieds réduits, pour les lignes qui tendent aux points de distance, et reporter cette grandeur à partir du point A, ce qui donne 5, 10, 15 pieds; pour compléter les 18 pieds, diviser IJ en cinq, puis prendre 3 de ces divisions qui représentent 3 pieds, et les reporter de 15 en C, ce qui complète les 18 pieds. Du point C mener une ligne au point P; sa rencontre avec AD détermine le point B; la ligne fuyante AB est égale à 18 pieds.

Pour se rendre compte de cette opération, il faut observer que AC représente en plus grand la ligne A''C', et qu'elles sont toutes les deux horizontales; CB représente C'B', et AB représente A''B'.

Remarque. — Si dans un tableau on a des édifices qui tendent au point de fuite principal et aux points de distance, lorsque sur l'un et l'autre de ces édifices on veut déterminer des grandeurs fuyantes données, on se sert de deux échelles fuyantes dans le tableau : l'une se place à droite et l'autre à gauche. Pour les lignes qui tendent aux points de distance on se sert de l'échelle que je viens d'indiquer, et pour les lignes qui tendent au point de fuite principal P, on se sert de l'échelle donnée pl. III, fig. 40.

Même proposition. — Opérer avec une fraction de la distance.

Fig. 110. Soit donnée la D/2.

Si la ligne AB n'était pas dessinée d'après nature, il faudrait d'abord la tracer tendant au point de distance; pour cela, du point A mener une ligne au point P, diviser AP en deux parties égales, ce qui donne A'; joindre A' D/2, et du point A mener une parallèle à cette ligne.

Le reste de l'opération se fait absolument comme à la figure précédente.

Ayant dessiné une ligne soit d'après nature, soit à volonté, en supposant qu'elle tend au point de distance, trouver une fraction de la distance.

Fig. 110. Si la ligne AB était donnée et que l'on voulût trouver une fraction de la distance, il faudrait joindre les points A et P par une ligne droite, diviser cette ligne en deux parties égales, donnant le point A'; de ce point mener une parallèle à AB; sa rencontre avec l'horizon déterminerait le point D/2. Si la ligne menée du point A' ne rencontrait pas l'horizon dans le tableau, il faudrait rediviser A'P en deux parties égales, et on obtiendrait le point D/4, etc.

Pour mesurer une ligne qui tend au point de distance.

Fig. 111. Soit donnée la ligne AB, ainsi que le point D/2.

Du point A mener une ligne au point P; diviser cette ligne en deux parties égales, ce qui donne A', et par ce point mener une parallèle à AB. Or, comme cette parallèle tend au point D/2, la ligne AB tend au point de distance : alors du point B mener une horizontale, ce qui donne C à la rencontre de AP; du point C comme centre, et d'un rayon égal à CB, décrire un arc de cercle jusqu'à la rencontre d'une verticale élevée du même point, ce qui donne E; joindre BE par une droite, qui nous représente AB. Comme la figure humaine nous sert toujours de mesure de 5 pieds, du point H, endroit où est placée une figure donnée, mener une horizontale indéfinie; prendre la hauteur de cette figure donnée, et la reporter du point I au point J; le point I est la rencontre de la ligne horizontale menée du point H avec la ligne AP; du point P et par le point J faire passer une ligne qui donne K à son intersection avec BC : la grandeur KC est égale à 5 pieds. Ainsi, reportant cette grandeur de 5 pieds sur BE, on trouve qu'elle y est contenue 4 fois plus une fraction de 2 pieds, ce qui fait voir que cette ligne BE a 22 pieds; donc son égale AB a 22 pieds.

Remarque. — ABC est la moitié d'un carré perspectif, AB en est la diagonale; BCE est la moitié d'un carré géométral, et BE en est la diagonale; ces deux moitiés de carrés, ou, ce qui est la même chose, ces deux triangles sont tout à fait semblables et de même grandeur; le côté CB est commun aux deux; le côté vertical CE est le géométral du côté fuyant AC, et la ligne BE est le géométral de la ligne AB, qui tend au point de distance : donc, mesurant BE, on connaît la grandeur de BA.

Pour mettre en perspective un carré vu d'angle, la diagonale horizontale étant donnée et placée, ainsi que la moitié de la distance.

Fig. 112. Soient données la D/2, et la ligne BC, diagonale horizontale du carré à obtenir.

Du point P et par le point O, milieu de la diagonale, faire passer une ligne indéfinie. Pour obtenir de O en A une grandeur égale à OC, comme l'on a la D/2, diviser OC en deux parties égales, ce qui donne le point H; du point D/2 et par le point H faire passer une ligne qui, à sa rencontre avec la ligne PO prolongée, donne le point A; joindre les points AB et AC, ce qui détermine la moitié du carré.

Pour déterminer OE égal à OC, du point G, moitié de OB, mener une ligne au point D/2; sa rencontre avec OP donne le point E, OE est égal à O C ou OB : joindre les points EB et CE, ce qui termine le carré.

Pour circonscrire un carré autour d'un carré donné.

Fig. 112. Soit donné C', sommet de l'angle du second carré.

Prendre la grandeur CC' et la reporter de O en I et en J; du point P et par les points I et J faire passer des lignes indéfinies; des points A et E mener des horizontales jusqu'à la rencontre de ces lignes, ce qui donne les points N, M, L et K; prendre la grandeur C et C' et la reporter de B en B'; puis joindre les points B' N et C' M et prolonger ces lignes; elles donnent le point A', qui doit se trouver sur la ligne PA prolongée : joindre les points B' L C' et K; leur rencontre donne le point E' et termine le carré A'B'E'C', qui est circonscrit autour du carré ABEC.

Une ligne étant donnée (on suppose qu'elle tend au point de distance), on propose d'en mener une autre faisant angle droit avec elle.

Fig. 113. Soit AB la ligne donnée.

Du point A mener une ligne au point P, prendre à volonté le point M sur la ligne AB, et de ce point mener une horizontale indéfinie; prendre la grandeur MO et la reporter de O en N; joindre les points A et N; la ligne AN fait angle droit avec la ligne AB.

Par des points donnés, on propose de mener des parallèles perspectives à des lignes données, les points de fuite étant inaccessibles.

Fig. 113. Soient donnés les points A' et A'' par lesquels on doit mener des parallèles perspectives aux lignes AB et AN.

Des points M, O et N abaisser des verticales indéfinies; des points A' et A" mener des lignes au point P; la rencontre de ces lignes avec la verticale abaissée du point O donne les points O' et O"; par ces points mener des horizontales qui donnent les points M', M", N', N", à leur rencontre avec les verticales abaissées des points M et N; joindre les points A'M', A'N', A"M" et A"N" par des lignes, et on aura les parallèles perspectives.

Une ligne étant donnée (on suppose qu'elle tend au point de distance), on propose d'en mener une autre faisant avec elle un angle droit vu intérieurement, et de mener à ces deux lignes des parallèles perspectives par des points donnés.

Fig: 114. Prendre sur la ligne donnée AB un point M, par lequel il faut mener une horizontale indéfinie; du point P et par le point A faire passer une ligne qui donne le point O à sa rencontre avec la ligne horizontale menée de M; prendre la grandeur MO et la reporter de O en N; mener la ligne AN, qui fait angle droit avec AB.

Pour mener les lignes A' M', A' N', A" N" et A" M" parallèles perspectives aux lignes AB et AN, des points M, O et N abaisser des verticales; du point P et par les points A' et A", faire passer des lignes qui donnent les points O' et O"; mener de ces points des horizontales qui donnent les points M', M", N' et N"; joindre les points A' M', A' N', A" M" et A" N" par des lignes, et on aura les parallèles perspectives cherchées.

Si l'on voulait diviser en parties égales une ligne tendant aux points de distance, il faudrait opérer par le moyen indiqué pl. VII, fig. 63.

Par un point donné former un angle droit vu intérieurement et dont les côtés vont concourir aux points de distance, une fraction de la distance étant donnée.

Fig. 112. Soient donnés le point R et la D/2.

Du point P et par le point R faire passer une ligne indéfinie, prendre à volonté sur cette ligne un point S, par lequel on trace une horizontale indéterminée. Du point D/2 et par le point R faire passer une ligne jusqu'à l'horizontale menée de S, ce qui donne le point T. Comme on a le point D/2, on prend la grandeur ST que l'on reporte de T en U, et on obtient le point U; joindre RU par une ligne qui doit concourir au point de distance. Si l'on reporte SU de S en V et que l'on joigne RV, cette ligne fera angle droit avec RU.

PLANCHE XIX.

DES POINTS ACCIDENTELS.

Les *points accidentels* sont des points de concours où vont aboutir des lignes parallèles fuyantes. Lorsque le point de fuite principal et le point de distance sont déterminés, les points accidentels peuvent être placés à tous les autres endroits de la surface du tableau; ainsi, il peut exister, dans une composition, une très-grande quantité de points accidentels.

On propose de mener une ligne qui fasse angle droit avec une ligne donnée; cette dernière a été dessinée d'après nature, elle tend à un point quelconque de l'horizon qui n'est ni le point principal ni l'un des points de distance.

Fig. 115. Soit donnée la ligne BC; le point P et le point de distance D sont obtenus.

Prolonger la ligne BC jusqu'à l'horizon, ce qui donne le point A, que je désigne sous le nom de *point accidentel;* si, au lieu de tendre au point A, la ligne BC tendait au point de distance D, il suffirait, pour obtenir l'autre côté de l'angle, de joindre les points B et D', et l'angle droit perspectif DBD' serait le même que l'angle droit géométral DD''D'; mais comme BC tend à un point accidentel, il faut obtenir un autre point sur l'horizon, pour tracer cet autre côté de l'angle droit, et pour que cette ligne fasse angle droit perspectif avec BC; pour cela, il faut reporter la distance sur la verticale élevée du point P, ce qui donne le point D''; joindre ce point avec le point A, et mener la ligne D''A' perpendiculaire à D''A : joindre les points A' et B, et l'angle CBE est droit, de même que l'angle C'D''E' qui est son géométral.

Remarque. — Plus le point A sera éloigné du point de fuite principal, plus le point A' en sera près.

Pour diviser en deux angles égaux un angle perspectif.

Fig. 115. Soit l'angle EBC que l'on veut diviser en deux angles égaux. Il faut diviser en deux parties égales l'angle géométral E'D''C' par le moyen indiqué pl. II, fig. 24; la ligne D''F qui le divise doit être prolongée jusqu'à l'horizon, ce qui donne le point F; mener la ligne FB, elle divisera en deux angles égaux l'angle EBC.

Pour construire un carré perspectif vu accidentellement, une ligne étant donnée ou dessinée d'après nature.

Fig. 115. Soit donnée la ligne BC; prolonger cette ligne jusqu'à l'horizon, ce qui donne le point A; joindre ce point avec le point D'', distance reportée sur la verticale principale, et mener D''A' perpendiculaire à AD'', joindre les points BA' et diviser l'angle AD''A', ou, ce qui est la même chose, l'angle E'D''C' en deux parties égales par la ligne D''F; mener la ligne FB. Cette préparation établit l'angle droit et le divise en deux, comme je viens déjà de le faire; pour terminer le carré, il faut du point C mener une ligne au point A', ce qui donne le point O à la rencontre de BF; du point A et par le point O, faire passer une ligne qui donne le point E, détermine la longueur du côté BE, et termine le carré accidentel BCOE.

Ayant dessiné d'aprés nature la direction et la grandeur d'une ligne, ainsi que la direction d'une autre ligne, on suppose qu'elles font angle droit. On propose : 1° de trouver la distance ou une fraction de la distance; 2° de déterminer la seconde ligne égale à la première, puis de former un carré.

Fig. 116. Soient données la ligne BC qui est déterminée, et la direction de la ligne BE.

1° Prolonger les lignes BC et BE; comme elles ne peuvent rencontrer l'horizon dans le tableau, du point B mener une ligne au point P; diviser BP en trois parties égales, ce qui donne le point H; par ce point, mener jusqu'à l'horizon des parallèles à BC et BE, ce qui donne les points A/3 et A'/3; diviser la grandeur A/3 A'/3 en deux parties égales, ce qui donne le point M; de ce point comme centre, et d'un rayon égal à MA/3; décrire un demi-cercle qui donne le point D/3 à sa rencontre avec la verticale élevée du point P. Si l'on joint les points A/3, D/3 et A'/3, l'angle que ces lignes feront doit être un angle droit.

2° Diviser en deux angles égaux l'angle A/3 D/3 A'/3,

comme précédemment, ce qui donne le point F; joindre ce point avec le point H, et du point B mener BG parallèle à cette ligne HF. Du point C mener une ligne au point P, sa rencontre avec HA/3 donne le point O; de ce point mener une ligne au point A'/3, et du point C mener une parallèle à cette ligne, ce qui donne le point G à la rencontre de la ligne BG; du point A/3, et par le point I, intersection des lignes OA'/3 et HF, faire passer une ligne qui donne le point J à sa rencontre avec HA'/3; du point G, mener GE parallèle à IJ, ce qui détermine BE égal à BC, et termine le carré accidentel BCGE.

Remarque. — Toutes les fois qu'un angle est inscrit dans un demi-cercle, de manière que ses côtés passent par les extrémités du diamètre du demi-cercle, et que le sommet de l'angle touche à la circonférence du demi-cercle, cet angle est droit; donc l'angle A/3 D/3 A'/3 est droit.

Pour circonscrire un carré à un carré donné.

Fig. 117. Établir le carré par le moyen indiqué fig. précédente, en employant la D/2 au lieu de la D/3. Mener la diagonale CE et la prolonger indéfiniment; prendre sur cette diagonale le point K qui est le sommet d'angle du carré à circonscrire; du point K mener une ligne au point P, sa rencontre avec la diagonale prolongée JO du petit carré donne le point T; de ce point mener une ligne au point A'/2, et du point K mener une parallèle à cette ligne, ce qui, à la rencontre de la diagonale BG prolongée, donne le point L. Du point A/2 et par le point T faire passer une ligne, et de K mener une parallèle à cette ligne, et on obtient le point M; du point V mener une ligne au point A'/2, et du point M mener une parallèle à cette ligne, ce qui donne le point N à la rencontre de la diagonale prolongée CE; joindre les points N et L par une droite qui complète le carré NLKM, carré circonscrit au carré EGCB.

Soit dessinée d'après nature la direction d'une ligne qui va tendre à un point accidentel; on propose de la déterminer d'une grandeur quelconque.

Fig. 118. Soit BC la direction donnée, à laquelle on veut donner quatorze pieds.

Prolonger cette ligne jusqu'à l'horizon, ce qui donne le point A; joindre ce point avec la distance reportée sur la verticale principale; la ligne AD' représente géométralement la ligne BCA; nous avons une figure donnée au point M : prendre la grandeur de cette figure, qui est de cinq pieds, et la reporter de A en N sur la ligne AD'; du point N abaisser une verticale jusqu'à l'horizon, ce qui donne le point X; la grandeur XA est une grandeur qui représente cinq pieds, et qui doit servir à obtenir des grandeurs sur toutes les lignes fuyantes qui iront concourir au point A, c'est-à-dire pour la ligne accidentelle BC et pour toutes celles qui lui sont parallèles.

Du point M, mener une horizontale jusqu'au bord du tableau; prendre la grandeur XA et la reporter de O en V; mener la ligne FV jusqu'à la base du tableau, elle forme une échelle fuyante de lignes représentant cinq pieds pour toutes celles qui vont aboutir au point A ou point accidentel; faire passer une horizontale par le point B; prendre la grandeur JI, extrémité de l'horizontale comprise dans l'échelle, et la reporter de B en

5 et de 5 en 10, puis diviser JI en cinq parties égales, et reporter quatre de ces divisions de 10 en E, ce qui fait quatorze pieds; du point E mener une ligne au point P; sa rencontre avec BC donne le point C et détermine sur cette ligne quatorze pieds.

Même proposition. — Opérer avec une fraction accidentelle et une fraction de la distance.

Fig. 118. Soient données la demi-distance D'/2, et comme ci-dessus la ligne BC à laquelle on veut donner quatorze pieds.

Du point B mener une ligne au point P, la diviser en deux parties égales, ce qui donne le point B'; de ce point mener une parallèle à BC donnant le point A/2, joindre ce point avec D'/2; le reste de l'opération se fait absolument comme dans la proposition précédente.

Pour mesurer une ligne qui tend à un point accidentel.

Fig. 119. Soit dessinée d'après nature la ligne EB, le point D/4 étant déterminé.

Du point E mener une ligne au point P, diviser cette ligne en quatre parties égales, parce que l'on a la D/4, ce qui donne E'; par ce point mener une parallèle à EB, ce qui donne A/4, et prouve que la ligne EB tend à un point accidentel. Du point P comme centre, et d'une ouverture de compas égale à PD/4, décrire un arc de cercle; son intersection avec la verticale élevée du point P donne le point D'/4; joindre par une ligne les points A/4 et D'/4, et par le point B mener BH parallèle à cette ligne; la grandeur de BH est déterminée par la rencontre d'une verticale élevée du point C. La ligne BH représente BE.

Ce qui prouve que la ligne BH représente la ligne BE, c'est que la ligne géométrale A/4 D'/4 représente la ligne perspective A/4 E'; mais BE est parallèle à A/4 E', et BH est parallèle à A/4 D'/4, donc BH représente BE. Effectivement, si nous examinons les triangles EBC et CBH, ils sont semblables et égaux, car le côté BC est commun aux deux, la ligne CH est égale à CE; donc BH égale BE. En mesurant BH, on connaîtra la grandeur de BE; pour cela, du point M, endroit où se trouvent placés les pieds d'une figure humaine, mener une horizontale indéfinie; sa rencontre avec la ligne EP donne I; prendre la hauteur de la figure donnée et la reporter de I en J; du point P et par le point J faire passer une ligne qui donne K à sa rencontre avec BC : la grandeur CK est égale à 5 pieds. En reportant cette mesure de 5 pieds sur BH, on trouve qu'elle y est contenue 4 fois plus une fraction de 3 pieds, ce qui fait voir que la ligne BH a 23 pieds; donc son égale BE a 23 pieds.

Un angle vu accidentellement étant dessiné dans un tableau, on désire le rendre plus grand ou plus petit, c'est-à-dire agrandir ou diminuer son ouverture.

Fig. 120. Soit EBC l'angle accidentel donné.

Prolonger les côtés BC et BE jusqu'à l'horizon, ce qui donne les points A et A'; puis former l'angle ADA', comme dans les figures précédentes, et l'on reconnaît que l'angle EBC est droit. Si l'on voulait grandir cet angle et le rendre *obtus*, on pourrait arriver à ce résultat par deux moyens différents : le premier moyen est d'éloigner les points de fuite A et A' du point P, et de placer A en A'' et A' en A'''. Nécessairement la grandeur A'' A''' étant plus grande que la grandeur AA', l'angle E'BC' est plus grand que l'angle EBC. Cette opération doit être employée s'il y a déjà un ou plusieurs objets réguliers déterminés dans le tableau; dans le cas contraire, on pourrait employer un autre moyen qui grandirait l'angle EBC sans rien changer à sa forme donnée; il suffirait pour cela de rendre la distance plus courte, en la rapprochant du point P. Exemple : si l'on rapproche la distance et qu'on la place au point D', si l'on joint les points A'D'A, on forme un angle qui est plus grand que l'angle A'DA construit à la première distance, parce que la grandeur d'un angle ne dépend pas de la longueur de ses côtés, mais de leur écartement. La première distance est anéantie par la nouvelle distance que l'on vient de prendre, attendu qu'il ne peut y avoir qu'une seule distance dans un tableau. Dès que l'on prend une distance plus courte que celle qui existait, on est censé se rapprocher: alors tout ce qui aurait été dessiné de la première distance devient nul.

On diminuera la grandeur de l'angle EBC en opérant par les moyens inverses de ceux que nous venons de donner, c'est-à-dire en rapprochant les points A et A' du point P, ou bien en grandissant la distance, que l'on placerait alors au point D".

PLANCHE XX.

Deux lignes parallèles fuyantes étant données, elles vont concourir à un point qui se trouve hors du tableau, et que l'on ne peut obtenir; on propose de trouver l'horizon.

Fig. 121. Soient données les lignes AB et CE que l'on ne peut prolonger par un empêchement quelconque.

Prendre à volonté un point O sur la ligne AB, et de

ce point abaisser une verticale jusqu'à la rencontre de la ligne CE, ce qui donne le point M; du point A, pris aussi à volonté, abaisser une verticale qui donne C. Des points O et M mener des horizontales jusqu'à la rencontre de la verticale AC, ce qui donne les points G et N; diviser OG en un nombre quelconque de parties égales, par exemple en quatre, ce qui donne le point X; diviser MN de même en quatre parties égales, ce qui donne le point R. Des points AX et CR faire passer des lignes droites et les prolonger jusqu'à ce qu'elles se rencontrent en F, ce qui donnera l'horizon.

Si les lignes AX et CR ne se rencontraient pas dans le tableau, il faudrait rediviser les lignes XG et RN chacune en deux parties égales, ce qui donnerait les points I et J, puis mener les lignes AI et CJ, et les prolonger jusqu'à ce qu'elles se rencontrassent, ce qui donnerait de même l'horizon.

Remarque. — Lorsque l'horizon est déterminé, il faut toujours avoir soin de marquer par la lettre H sa hauteur sur le côté du tableau, afin de le retrouver au besoin.

Pour tracer un demi-cercle fuyant sur un mur accidentel, et pour mener des lignes parallèles à la base du mur, ces lignes devant se réunir hors du tableau à un point inaccessible.

Fig. 122. Soient donnés AE pour hauteur et AB pour largeur du demi-cercle.

Du point A mener une ligne à un point quelconque de l'horizon, au point F, par exemple, et du point B mener une horizontale qui donne O à la rencontre de AF; du point O élever une verticale qui, à son intersection avec EF, donne O', et de ce point mener une horizontale qui donne G à sa rencontre avec une verticale élevée du point B; joindre les points E et G par une ligne qui sera parallèle perspective à AB. Ensuite, pour tracer la circonférence du demi-cerle, diviser AE en cinq parties égales, ce qui donne le point I. La ligne AE doit être divisée en 5 parties égales, par la raison que la circonférence d'un demi-cercle doit toujours passer par la rencontre des diagonales du rectangle qui doit le contenir et par une ligne, telle qu'ici IK, élevée aux quatre cinquièmes de la hauteur totale du rectangle, parallèlement au côté EG de ce rectangle. Pour obtenir la ligne IK, du point I mener une ligne au point F, sa rencontre avec OO' donne J; mener une horizontale de ce point, ce qui donne K à la rencontre avec la verticale BG; joindre les points I et K par une droite qui, de même que EG, doit être parallèle perspective à AB, c'est-à-dire tendre au même point. Pour terminer ce cercle, on opérera comme à la pl. XII, fig. 88.

Une ligne étant donnée tendant à un point hors du tableau, on propose de mener par des points déterminés des lignes qui lui soient parallèles, c'est-à-dire que, si toutes ces lignes étaient prolongées, elles se réuniraient au même point de fuite que la ligne donnée.

Pour mener ces lignes parallèles fuyantes, on peut employer l'opération de la fig. précédente; cependant, s'il y avait beaucoup de lignes à obtenir, il vaudrait mieux se servir de celle que je vais indiquer, comme étant plus expéditive.

Fig. 123. Soient donnés la ligne AB, et les points C, D, E, M et O, par lesquels il faut faire passer les parallèles perspectives fuyantes à la ligne AB.

Du point A, mener une ligne AR faisant un angle quelconque avec la verticale AO, prendre sur une verticale indéfinie élevée du point B parallèlement à AO la hauteur BH', éloignement du point B à l'horizon, et reporter cette grandeur de A en H'' sur la ligne que l'on vient de tracer; joindre le point H'' avec le point H, point de l'horizon sur la ligne AO; ensuite, des points C, D, E, M et O, mener des lignes parallèles à HH'', ce qui donne les points C'', D'', E'', M'' et O''; reporter ces grandeurs sur la verticale BH', ce qui donne les points C', D', E', M' et O'; joindre les points correspondants par des lignes parallèles qui, étant prolongées, vont se réunir à l'horizon au même point de fuite que la ligne donnée AB.

Autre moyen pour mener des lignes parallèles fuyantes à une ligne donnée, le point de concours étant toujours hors du tableau.

Cette opération est encore plus simple que celles employées fig. 122 et 123. Comme exactitude, elle est suffisante dans la pratique de la peinture.

Fig. 124. Soient donnés la ligne fuyante AA', et les points B, C, D, E et H, placés à égale distance, et divisant une verticale AH en cinq parties égales.

Il faut d'abord diviser la verticale A'H', correspondant à celle AH, en cinq parties égales, ce qui donne les points B', C', D', E' et H'; joindre les points correspondants par des lignes qui seront parallèles fuyantes à A A'. Pour mener la ligne OO', il faut observer que O est au milieu de AB et placer par conséquent O' au milieu de A'B'. Si le point O était au tiers ou au quart de AB, il faudrait placer O' de même par rapport à A'B'; on opérera de même pour toutes les autres divisions.

Soit dessinée d'après nature l'inclinaison des lignes fuyantes de la partie supérieure d'une tour carrée ; on propose de mener des parallèles à ces lignes par un point qui est donné sur l'arête de la tour.

Fig. 125. Soient donnés les côtés AB et AC, ainsi que le point A' par lequel il faut mener des parallèles fuyantes à AB et AC.

Du point B, comme étant plus élevé que le point C, mener une horizontale qui rencontre la ligne AC au point I : diviser BI en deux parties égales, ce qui donne le point O. Du point A et par le point O, faire passer une ligne qui, à sa rencontre avec l'horizon, donne le point F. Ce point étant obtenu, du point A' mener une ligne en F, sa rencontre avec une verticale abaissée du point O donne le point O', par lequel nous menons une horizontale qui détermine les points I' et B' à sa rencontre avec les verticales abaissées des points I et B ; prolonger A'I' jusqu'à la rencontre de la verticale abaissée du point C, donnant le point C'; les lignes C'A' et A'B' sont les lignes parallèles; mener les lignes A'I' et A'B'; elles sont les lignes parallèles qu'on désirait obtenir. Par ce moyen, on peut mener autant de lignes parallèles fuyantes que l'on voudra. Cette figure a beaucoup de rapport avec les fig. 113 et 114 de la pl. XVIII.

Il aurait pu arriver que la ligne AO ne rencontrât pas l'horizon dans le tableau : alors il aurait fallu diviser OI en deux parties égales, ce qui aurait donné le point R ; puis de ce point abaisser une verticale, et opérer de même qu'avec la ligne abaissée du point O.

Pour construire une table placée accidentellement.

Fig. 126. Établir d'abord le rectangle HRIE pour la base de la table. Des points H, R, E et I, mener des lignes horizontales jusqu'à la rencontre d'une ligne qui va tendre à un point quelconque de l'horizon, au point F, par exemple, ce qui donne les points H', R', E' et I'; de ces points et de leurs correspondants H, R, E et I, élever des verticales indéfinies; déterminer la hauteur de la table au point V, et de ce point mener une horizontale qui donne V' sur la verticale élevée de H'; du point V' mener une ligne au point F, ce qui forme une échelle fuyante V' F et H'F; toutes les horizontales comprises entre ces deux lignes sont égales à la ligne H V, hauteur de la table. Pour obtenir le dessus fuyant de la table, il s'agit de déterminer les points O, L et M. On trouvera le point O, en reportant la grandeur R' O' de R en O; joindre VO par une droite qui sera parallèle à HR; pour trouver le point L, prendre la grandeur E'L' et la reporter de E en L, et joindre VL par une droite qui sera parallèle à HE. Obtenir de même le point M, ce qui termine le dessus de la table.

Une route étant donnée, tendant au point de fuite principal, elle change de direction ; on propose de lui conserver sa largeur.

Fig. 127. Soit donné MN, largeur de la route qui tend au point de fuite P.

Au point C, elle prend une autre direction CS; pour obtenir le point O, qui doit conserver à la route, changeant de direction, la même largeur, diviser CP en deux parties égales, ce qui donne le point C'; de ce point, mener une parallèle à CS; sa rencontre avec l'horizon donne le point A/2; joindre ce point avec la D/2 reportée sur la verticale principale. L'angle KD/2L est égal à l'angle MCS, c'est-à-dire qu'ils ont la même ouverture. Diviser KD/2L en deux angles égaux, ce qui donne la ligne BD/2, et prolonger cette ligne jusqu'à l'horizon, on aura le point F/2; joindre ce point avec le point C', et du point C mener une parallèle à cette ligne; elle donne le point O à sa rencontre avec NP; de O', correspondant au point O, mener une ligne au point A/2, et du point O une parallèle à cette ligne. La ligne OI détermine la largeur que conserve la route.

Pour se rendre compte que la largeur IS est égale à MN, voir le géométral; l'angle M''C''S'' est divisé en deux angles égaux par la ligne C''O'', qui donne le point O''; O''I'' est parallèle à C''S''.

PLANCHE XXI.

Pour déterminer la distance ou une fraction de la distance d'un plan incliné, ce plan tendant au-dessus de l'horizon.

Fig. 128. Soit donnée une ligne CH tendant à un point sur-horizontal placé sur la verticale principale au-dessus du point P.

Prolonger la ligne CH : comme elle ne rencontre pas la verticale principale dans le tableau, du point C mener une ligne au point P; diviser cette ligne en deux parties égales, ce qui donne le point C'; de ce point, mener une ligne parallèle à CH; sa rencontre avec la verticale principale donne le point P'/2 : de ce dernier point, mener une horizontale donnant un horizon factice, laquelle servira de ligne de fuite pour placer les points de fuite et la D/2 des plans inclinés parallèles à la ligne CH. Pour déterminer cette D/2, il faut du point

P'/2 comme centre, et d'un rayon égal à P'/2 D/2, décrire un arc de cercle qui, à sa rencontre avec l'horizon factice mené de P'/2, donne le point D'/2 ou fraction de la distance des plans parallèles à CH. Obtenir de même toute autre fraction de cette distance.

Si la ligne inclinée tendait au-dessous de l'horizon, on emploierait le même moyen pour trouver la distance de cette ligne ou des plans inclinés qui lui seraient parallèles; le point de fuite de cette ligne serait au-dessous de l'horizon, de même que son horizon (horizon factice) et sa distance ou fraction de cette distance. Pour se rendre compte de cette figure, il faut renverser sens dessus dessous la fig. 128; alors la ligne CH, au lieu de tendre au-dessus de l'horizon, va tendre au-dessous.

Remarque. — Plus la ligne inclinée CH se rapprochera de la verticale, plus sa distance sera grande.

Pour déterminer la profondeur d'un carré incliné, par une fraction de la distance de ce plan incliné.

Fig. 128. Après avoir construit le carré horizontal ABCE, on désire construire un carré incliné dont CE serait un des côtés, et EM la direction d'un autre côté. Cette ligne EM prolongée va tendre hors du tableau; nous avons la D/2 sur l'horizon.

Diviser EP en deux parties égales, ce qui donne le point E'; mener E'M' parallèle à EM, et prolonger cette ligne jusqu'à la rencontre de la verticale élevée du point P, ce qui donne le point P'/2; de ce point mener une horizontale ou horizon factice, puis, du même point P'/2 comme centre, et d'un rayon égal à P'/2 D/2, décrire un arc de cercle qui détermine le point D'/2. Alors, du point C mener une ligne au point P, et du point E' mener une horizontale qui détermine le point C' à sa rencontre avec la ligne CP. Joindre par une verticale les points C'P'/2, et du point C mener CH parallèle à cette ligne; mener la ligne C'D'/2, puis du point C, mener CM, parallèle à cette ligne, ce qui détermine le point M, profondeur du carré fuyant incliné; par ce point mener la ligne horizontale MH; elle détermine le carré incliné et vu en fuite EMHC.

Ayant obtenu un carré vertical tendant au point de fuite principal, ainsi que la direction d'un autre carré vertical placé accidentellement, déterminer la profondeur de ce dernier.

Fig. 129. Soient donnés le carré vertical OLNM et la direction de la ligne MT.

Prolonger la ligne MT; comme elle ne rencontre pas l'horizon dans le tableau, il faut diviser OP en deux parties égales, ce qui donne le point O', et de ce point mener une ligne parallèle à la diagonale ON; sa rencontre avec la verticale élevée du point P donne la D/2. Du point L, mener une ligne au point P, sa rencontre avec la ligne O'D/2 donne le point N'; de ce point, abaisser une verticale qui donne M' à sa rencontre avec OP; du point M' mener une parallèle à MT, donnant à sa rencontre avec l'horizon le point A/2. Du point N', mener une ligne au point A/2 et de N une parallèle; du point A/2, élever une verticale, puis de ce même point comme centre, et d'un rayon égal à A/2D/2, décrire un arc de cercle qui donne le point D'/2 à sa rencontre avec la verticale élevée du point A/2; ce point D'/2 est une fraction de la distance du plan accidentel MNST. Du point M', mener une ligne au point D'/2, et du point M une parallèle à cette ligne, qui détermine à sa rencontre avec NS le point S, profondeur du carré accidentel; du point S, abaisser une verticale; elle complète le carré accidentel MNST.

Remarque. — Si la fig. OLNM était un rectangle, NMTS serait un autre rectangle semblable et absolument de même grandeur que lui; seulement les diagonales ON et MS ne tendraient pas aux points de distance, ce qui n'empêcherait pas d'opérer comme nous venons de le faire; menant de même les lignes O'N' et M'R, les points D/2 et D'/2 ne seraient plus des fractions de la distance, mais des points de concours remplaçant les fractions de la distance et s'obtenant de même.

Autre remarque. — Si l'on place la fig. renversée, de manière que les verticales deviennent horizontales, on verra que cette figure est absolument la même que la figure précédente.

Il est bon, lorsque l'on a étudié une figure, de la renverser, afin que les verticales deviennent horizontales, et de les étudier de nouveau, car les moyens sont les mêmes pour opérer sur les surfaces horizontales ou verticales.

Pour mettre un hexagone en perspective.

Fig. 130. Établir un hexagone géométriquement, par le moyen indiqué pl. II, fig. 30. Au point D/2, établir un angle YD/2Z, égal à l'angle G'H'B', par le moyen indiqué pl. II, fig. 23. Prolonger la ligne D/2Z jusqu'à l'horizon, ce qui donne le point F'/2; comme les côtés de l'hexagone sont réguliers, reporter la grandeur PF'/2 de P en F/2.

Soit donnée la ligne AB, grandeur de l'un des côtés de l'hexagone: pour limiter les côtés fuyants de cet hexagone, diviser AB en deux parties égales, ce qui donne C, et reporter la grandeur BC de B en G et de A en E; des points E, A, B et G, mener des lignes au point P; les lignes qui partent des points E et G limiteront les côtés fuyants de l'hexagone. Comme l'on a la D/2, diviser BP en deux parties égales, ce qui donne T; de ce point, mener une ligne au point F/2, et de B une parallèle à cette ligne; elle donne H à la rencontre de GP; du point X, correspondant à H, mener une ligne au point F'/2, et de H mener une parallèle à cette ligne, ce qui donne le point N à la rencontre de la ligne BP; du point N, mener une horizontale qui donne M à la rencontre de la ligne AP; du point H, mener une horizontale qui donne L à la rencontre de la ligne EP; joindre les points ML et LA, ce qui termine l'hexagone.

Remarque. — Par ce moyen, on peut mettre en perspective tous les angles horizontaux et toutes les figures régulières et irrégulières.

Pour construire une tour hexagone.

Établir l'hexagone de la base ou du sommet de la tour en opérant comme nous venons de le faire.

Fig. 131. Soit l'hexagone ABHNML la base que l'on vient d'établir.

De chacun des points de cet hexagone et du point intérieur O élever des verticales, déterminer à volonté la hauteur de la tour au point A'; de ce point mener une horizontale qui, à sa rencontre avec la verticale élevée de B, donne B'; de B' mener une ligne au point P, elle donne les points O' et N'; de O' mener une horizontale qui donne les points H' et L' à sa rencontre avec les verticales élevées des points H et L; join-

fallu diviser cette ligne en dix-sept parties, et les sept divisions du milieu auraient déterminé la longueur d'un des côtés de l'octogone.

Un octogone étant dessiné d'après nature, trouver la distance.

Fig. 132. En prolongeant le côté BX jusqu'à l'horizon, on obtient le point de distance; mais s'il arrivait que l'on ne pût pas prolonger ce côté BX, il faudrait prolonger les côtés AB et HX jusqu'à ce qu'ils se rencontrassent en E; puis diviser BE en deux ou trois parties égales, suivant la fraction de la distance à obtenir, et afin que le point se trouve dans le tableau. On obtient donc, de cette manière, le point R; de ce point et par le point X faire passer une ligne jusqu'à l'horizon, et l'on a la D/3, parce que ER est le tiers de EB.

Pour construire une tour octogone.

Fig. 133. Établir l'octogone de la base en opérant comme dans la figure précédente, puis de ses points visibles L,I,A,B et X, et d'un point C, angle du carré qui a servi à tracer l'octogone, élever des verticales indéfinies; prendre à volonté la hauteur de la tour au point A', et par ce point mener une horizontale qui donne les points B' et C'; de ce dernier point mener une ligne au point de fuite P déterminant les points I' et L' à sa rencontre avec les verticales élevées des points I et L; de I' mener une ligne horizontale qui donne le point X' à sa rencontre avec la verticale élevée du point X; joindre les points X', B', A' et I', ce qui termine la tour. Pour l'octogone intermédiaire opérer de même, les mêmes lettres se trouvant portées sur la figure aux points correspondants.

Si l'on voulait établir des croisées sur les côtés fuyants des tours hexagone et octogone, il faudrait opérer comme à la pl. VII, fig. 88.

Je crois avoir suffisamment expliqué ce qu'il est de rigueur de connaître pour dessiner d'après nature. Cependant je recommande aux personnes qui voudraient posséder à fond la théorie de tous les cas qui peuvent se rencontrer, mon *Cours complet de dessin morphographique;* elles trouveront en plus dans cet ouvrage la description des diverses anamorphoses sous lesquelles les lignes, les surfaces et tous les corps nous apparaissent suivant leur position et leur éloignement de l'œil du dessinateur.

PLANCHE XXII.

CHAPELLE GOTHIQUE DANS LE BOURBONNAIS.

Cette planche est une application de la tour octogone, des toits en pyramide, des ogives, etc.

PLANCHE XXIII.

De la perspective des clairs et des ombres.

On désigne sous le nom d'*objet lumineux* ou *corps lumineux* celui qui envoie directement la lumière à notre œil, comme le soleil, la lune, une flamme, etc. Sa lumière s'appelle lumière directe ou primitive.

L'objet éclairé est celui qui reçoit directement les rayons de l'objet lumineux.

On appelle *ombre* tout ce qui est privé de lumière, ou

la différence entre un objet éclairé et celui qui ne l'est pas.

Il y a deux espèces d'ombre : 1° la partie d'un corps qui n'est pas éclairée; 2° l'ombre que projette un corps sur une surface quelconque : cette dernière s'appelle *ombre portée*.

On appelle *plan de projection* toute surface qui reçoit une ombre projetée; ce plan peut être horizontal, vertical ou incliné.

L'ombre produite par un corps est toujours directement opposée à la lumière qui l'a produite; elle suit les mouvements du corps lumineux; conséquemment l'ombre portée d'un corps est dans la direction des rayons lumineux.

La lumière se propage toujours en ligne droite.

Les rayons du soleil et de la lune sont considérés comme parallèles entre eux, à cause de la distance immense de ces astres à la terre.

Le soleil ou la lune peuvent être placés de trois manières différentes par rapport aux objets.

1° Ils peuvent se trouver dans le plan du tableau prolongé à l'infini; les rayons lumineux sont parallèles à la surface du tableau; ils se tracent parallèles géométriquement, ils sont plus ou moins inclinés, suivant la hauteur de l'astre.

2° Le soleil ou la lune peuvent être au delà du tableau, plus ou moins directement devant le spectateur, ou derrière les objets;

Dans ce cas leurs rayons sont parallèles fuyants, et le centre de l'astre est leur point de fuite.

3° Ils peuvent être situés en deçà du tableau, plus ou moins directement derrière le spectateur, ou en avant des objets.

Dans ce cas également les rayons lumineux sont parallèles fuyants; leur point de fuite est devant le spectateur, autant au-dessous de l'horizon que l'astre en est au-dessus.

On obtient les ombres produites par la lune absolument de même que celles produites par le soleil, ces deux astres ayant absolument les mêmes propriétés par rapport aux objets terrestres, et leur position quant à nous et aux corps étant identique.

De la première position du soleil ou de la lune. L'astre se trouve de côté ou dans le plan du tableau.

Principe. — Fig. 134. Dans ce premier cas, l'ombre d'une ligne verticale sur un plan horizontal est une ligne parallèle à l'horizon; la longueur de cette ombre est déterminée par le rayon lumineux qui du centre de l'astre passe par le sommet de cette verticale; tous les rayons lumineux se mènent parallèles avec la règle et l'équerre. Ces rayons sont plus ou moins inclinés, suivant la hauteur de l'astre.

Pour déterminer l'ombre portée d'un mur sur le terrain perspectif, celle d'une figure humaine étant déterminée d'après nature ou placée à volonté.

Pratique. — Fig. 134. Soit BA' la longueur de l'ombre portée par la figure BA.

Il faut joindre les points A et A' par une droite qui est censée passer par le centre de l'astre; tous les rayons lumineux doivent être menés parallèlement à cette ligne.

Du point Y mener une horizontale indéfinie, et du point D une parallèle à AA'; la rencontre de ces lignes donne le point D' : ce point est l'ombre du point D, et la ligne YD' est l'ombre de la ligne YD. Comme la ligne DE tend à un point de l'horizon, au point P, par exemple, de ce point P et par le point D' faire passer une ligne D'E'; cette ligne sera l'ombre de la ligne DE.

Principe. — Toute ligne fuyante placée horizontalement a pour ombre, sur un terrain horizontal, une ligne fuyante tendant au même point qu'elle.

Pour déterminer l'ombre portée de la face fuyante d'un édifice.

Fig. 134. Soit donnée la face fuyante UFHCN, dont on veut déterminer l'ombre portée.

Du point H abaisser une verticale qui donne le point M; ensuite des points U, M et N mener des horizontales, et par les points F, H et C des parallèles au rayon AA', ce qui donne les points F', H' et C'. Joindre les points F'H' et H'C', et l'on aura UF'H'C'N, ombre portée de la face fuyante UFHCN.

Pour déterminer l'ombre portée d'une cheminée sur un toit ou plan incliné.

Fig. 134. Des points Z et S mener des horizontales, et des points K et R des parallèles au rayon AA', ce qui donne les points K' et R'; joindre ces points par une droite, et ZK'R'S est l'ombre portée par la cheminée sur le toit.

Les rayons lumineux passant à travers l'ouverture d'une fenêtre doivent déterminer un clair, qui aura sur le terrain horizontal la forme de cette fenêtre.

Fig. 134. Soit TOGV l'ouverture de la fenêtre.

Pour obtenir la forme du clair, il faut, des points T et V, abaisser des verticales qui donnent les points I et J, et par ces points mener des horizontales indéfinies; par les points L et V mener des parallèles au rayon AA' : ces lignes donnent les points V' et G' à leur rencontre avec l'horizontale menée du point J. Du point P et par les points V' et G' faire passer des lignes qui donnent T' et O' à leur rencontre avec l'horizontale menée du point I. Le rectangle G'O'T'V' limite le clair obtenu sur le terrain.

La ligne LX limite l'ombre portée par le dessous de l'embrasure de la fenêtre.

Remarque. — Il faut bien faire attention que j'ai mené une des lignes du point V, qui est en dehors de la croisée, et l'autre du point L, qui est en dedans.

Pour déterminer l'ombre portée d'un bâton horizontal sur un mur vertical.

Fig. 135. Soit ZF le bâton horizontal.

Du point Z abaisser une verticale indéfinie, et déterminer à vue d'œil, d'après nature, la grandeur de cette verticale au point F' pour limiter l'ombre du bâton ZF.

Cette ombre étant déterminée, joindre les points F'F par une ligne droite qui, si elle était prolongée suffisamment, devrait aller tendre au centre du corps lumineux. La ligne FF' donne l'inclinaison des rayons lumineux pour tous les autres objets de cette figure.

Pour déterminer l'ombre portée d'une avance horizontale ou corniche sur un mur vertical.

Fig. 135. Du point L abaisser une verticale, et du point I mener la ligne I I', parallèle au rayon lumineux FF'; du point P et par le point I' faire passer une ligne I'K', parallèle fuyante de la ligne IK : cette ligne est l'ombre portée de la ligne IK.

Pour trouver sur une fenêtre l'ombre portée par une ligne fuyante.

Fig. 135. Soit IK la ligne fuyante.

Du point R, rencontre de la ligne d'ombre I'K' avec

la fenêtre, mener la ligne RR' parallèle à II', ce qui donne le point R'; du point P et par ce point R' faire passer une ligne qui détermine le point R" et limite l'ombre portée de la ligne fuyante sur la fenêtre.

Pour déterminer l'ombre portée d'une figure humaine sur un terrain horizontal et sur un mur vertical.

Fig. 135. Soit donnée une figure humaine placée au point H.

Du point H mener une horizontale, ce qui donne H' à la rencontre de la base du mur; de ce point élever une verticale, et du point G, sommet de la tête, mener une parallèle au rayon lumineux FF', ce qui donne G': HH'G' est la longueur totale de l'ombre et de la figure GH.

Remarque. — La ligne GG' se mène tangente à la partie la plus élevée de la figure.

Pour déterminer l'ombre portée d'une porte.

Fig. 135. Soit UTE la porte donnée.

Du point E mener une horizontale qui donne E' à sa rencontre avec le mur; du point E' élever une verticale, et du point T mener une parallèle au rayon lumineux FF', ce qui donne T'; joindre les points T' et U par une droite : cette ligne UT' est l'ombre de la ligne TU, et T'E'E est l'ombre de la ligne TE, ce qui limite l'ombre totale de la porte.

La ligne 2 3, qui est parallèle au rayon lumineux FF', détermine l'ombre portée par l'embrasure de la porte.

Pour déterminer l'ombre portée par une corniche.

Fig. 135. Soit YN l'avance de la corniche.

Du point S mener une horizontale qui donne le

point J; par ce point mener une parallèle au rayon lumineux FF', ce qui donne J'; de ce point mener une ligne au point P; J'N' est l'ombre portée de YN; l'ombre du point J se prolonge en ligne droite sur le mur de face de J' en J''.

Pour déterminer, sur un terrain horizontal et sur un mur vertical, l'ombre portée d'un édifice autour duquel règne une corniche ou avance.

Fig. 136. Prolonger la ligne horizontale ZQ jusqu'en C, bord de l'avance du toit.

Du point C mener une parallèle au rayon lumineux FF' et la prolonger jusqu'à la rencontre d'une horizontale menée du point B'', ce qui donne le point C'. La ligne d'opération CC' détermine, sur la face de front de l'édifice, la ligne C''C''', qui limite l'ombre portée de la corniche sur cette face. Du point P et par le point C' faire passer une ligne indéfinie, et du point A mener une parallèle à FF', ce qui donne le point A'; de ce point mener une horizontale jusqu'à la rencontre de la ligne BB', ce qui donne B'; la ligne BB' est parallèle au rayon lumineux FF'; du point B' mener une ligne au point P, sa rencontre avec la base du mur donne le point D'; de ce point élever une ligne parallèle au rayon lumineux FF', ce qui donne le point D''. Les points C'', C''', C''A'' B''D' et D'' limitent l'ombre portée par l'édifice. Si l'on prolonge la ligne D'D'', elle donne le point D: que de ce point on mène une horizontale, on obtient le point V; que de ce point on abaisse une verticale, elle doit tomber juste au point H, point d'intersection de l'édifice qui porte ombre avec le mur qui reçoit l'ombre portée.

Pour déterminer sur un mur de face l'ombre portée d'un bâton qui va tendre au point principal.

Fig. 136. Soit donné le bâton OM.

Des points X et O, largeur de ce bâton, mener des lignes parallèles au rayon lumineux FF', leur rencontre avec la ligne horizontale B''C' donne les points O' et X'; du point P et par ces points faire passer des lignes qui, à la rencontre de la ligne MM', déterminent la grandeur de l'ombre portée du bâton. La ligne MM' est parallèle au rayon lumineux FF'.

Pour déterminer l'ombre portée d'un mur sur un escalier vu de face, puis trouver l'ombre portée par cet escalier sur le terrain.

Fig. 137. Soient AZ la longueur du mur, et LA' la longueur de l'ombre de la ligne LA.

Joindre les points AA' par une droite, qui est l'inclinaison du rayon lumineux; mener A'B tendant au point P, BB' parallèle à AA', B'C tendant au point P, CC' parallèle à AA', et ainsi de suite, ce qui déterminera l'ombre portée du mur sur l'escalier.

Pour trouver l'ombre portée de l'escalier sur le terrain perspectif, du point O mener une horizontale et mener KK' parallèle à AA', ce qui donne le point K'; de ce point mener une ligne au point P et mener RR' parallèle à AA', etc.; de même pour déterminer le reste de l'ombre de l'escalier. Pour trouver l'ombre portée par la ligne verticale EI, mener EE' parallèle au rayon lumineux AA', du point I une horizontale qui donne X, et de ce point abaisser une verticale qui donne X' à la base de l'escalier. De ce point X' mener une horizontale jusqu'à la rencontre de la ligne EE', ce qui termine l'ombre portée par ce bâton.

Si l'on veut déterminer l'ombre portée de l'arbre qui est dans le lointain de cette figure, on mènera tangentes à l'arbre les lignes TT', et SS' parallèles au rayon lumineux AA', ce qui, à la rencontre d'une horizontale menée du pied de l'arbre, détermine la longueur de l'ombre sur le terrain perspectif.

De la seconde position du soleil ou de la lune. L'astre est placé devant le dessinateur, ou, ce qui revient au même, derrière les objets.

L'astre lumineux se trouvant placé devant le dessinateur, ses rayons sont parallèles fuyants, et comme tels doivent concourir à un point de fuite. Ce point de concours est au centre de l'astre.

Principe. — L'ombre portée d'une ligne verticale sur un plan horizontal est une ligne fuyante qui va concourir à un point de fuite situé à l'horizon verticalement au-dessous du centre de l'astre.

L'ombre d'une figure étant déterminée, on propose de trouver l'ombre portée d'un mur.

Fig. 138. Soient donnés un mur EDH, et B'O pour ombre portée de la figure humaine BO.

Du point B' et par le point O faire passer une ligne jusquà l'horizon, ce qui donne le point T, et de ce point élever une verticale indéfinie; du point B' et par le point B, sommet de la tête de la figure donnée, faire passer une ligne qui donne le point S à sa rencontre avec la verticale élevée du point T : le point S *est le foyer de la lumière* ou le centre de l'astre; il est le point de fuite des rayons lumineux, ces rayons étant considérés parallèles fuyants.

Le point T s'appelle *pied de la perpendiculaire abais-*

sée de la lumière, il est le point de fuite des ombres des lignes verticales; ces ombres, étant parallèles fuyantes, doivent suivre les mêmes lois que les lignes parallèles fuyantes solides. Ainsi, les points S et T sont des points de fuite; l'un est le point de concours des rayons lumineux, et l'autre celui des lignes parallèles fuyantes sur le terrain perspectif et sur tous les plans horizontaux.

Du point T et par le point E faire passer une ligne indéfinie; du point S et par le point D faire passer une ligne qui donne D' à son intersection avec TE : D' est l'ombre du point D, et D'E est l'ombre de DE. Comme ce mur va tendre au point P, de ce point et par le point D' faire passer une ligne D'H' qui termine l'ombre du mur.

Principe. — L'ombre portée d'une ligne fuyante va tendre au même point de fuite que cette ligne, comme lui étant parallèle.

Pour déterminer l'ombre portée d'un édifice.

Fig. 138. Du point T et par le point I faire passer une ligne indéfinie; du point S et par le point A faire passer une autre ligne qui donne le point A' à sa rencontre avec TI prolongé; comme la ligne AA est horizontale, son ombre doit être une horizontale; donc du point A' on mènera une horizontale A'A''.

Pour déterminer l'ombre portée d'une fabrique sur un mur vertical.

Fig. 138. Soient donnés la fabrique XM, et le mur XY. Il faut du point P, point de fuite du mur XY sur lequel il doit être porté ombre par l'édifice, élever une verticale indéfinie, puis du point S mener une horizontale, ce qui donne le point T'. Ce point est le point de fuite des ombres portées par les lignes horizontales sur la surface verticale XY ou sur toutes autres faces verticales parallèles à cette surface, c'est-à-dire tendant au point P; ce point T' s'appelle *pied de la perpendiculaire abaissée de la lumière* sur la verticale principale. Pour trouver l'ombre de la ligne horizontale XA, il faut, du point T' et par le point X, faire passer une ligne XX'; elle est l'ombre portée de la ligne XA, et elle complète l'ombre portée par la maison : donc XX'A"A'I est la limite de l'ombre totale.

Pour trouver sur un toit l'ombre portée par une ligne verticale.

Fig. 138. Soit MN cette verticale.

Prolonger la ligne IJ jusqu'à l'horizon, et nous voyons qu'elle tend au point P; de ce point élever une verticale et prolonger AZ, ligne d'inclinaison du toit, ce qui donne P', point de fuite du toit ou plan incliné; de ce point P' mener une horizontale jusqu'à la rencontre de la verticale ST, ce qui donne T"; ce point est le pied de la perpendiculaire abaissée de l'astre sur la ligne de fuite du plan incliné; de ce point T" et par le point N faire passer une ligne, ainsi que du point S et par le point M : l'intersection de ces deux lignes donne M'; la ligne NM' est l'ombre portée de NM.

PLANCHE XXIV.

Pour déterminer l'ombre portée d'une figure humaine placée en face de la verticale abaissée du soleil.

Fig. 139. Soit VZ la figure humaine donnée.

Des points V et Z mener des horizontales indéfinies; prendre à volonté, sur une de ces horizontales, un point Y, et élever une verticale YX; cette verticale est égale à la figure donnée; trouver l'ombre portée de cette verticale, comme à la fig. 138, ce qui donne X'; de ce point mener une horizontale X'Z', qui détermine l'ombre portée demandée.

Pour déterminer l'ombre portée d'une tour carrée sur un mur vertical, la base de cette tour n'étant pas visible.

Fig. 139. Soit BAC la tour donnée.

Du point T' et par le point B faire passer une ligne, ainsi que du point S et par le point A, la rencontre de ces deux lignes donne le point A'; BA' est l'ombre portée de BA; du point A' abaisser une verticale A'C', qui termine l'ombre portée de la tour.

Pour déterminer l'ombre portée d'un mur sur un escalier.

Fig. 140. Soient donnés le mur AA' FF', et l'escalier F'AG.

Du point T, pied de la perpendiculaire abaissée du centre de l'astre, et par le point A faire passer une ligne qui donne le point B à sa rencontre avec la base de la première marche; de B élever une verticale qui donne le point C; du point T et par le point C faire passer une ligne qui donne le point D à sa rencontre avec la base de la seconde marche, et ainsi de suite. Comme le mur est très-élevé, l'ombre n'est pas autrement déterminée.

Remarque. — Sur tous les plans horizontaux, l'ombre portée par une verticale va toujours tendre au point T, pied de la perpendiculaire abaissée du centre de l'astre sur la ligne de fuite des plans horizontaux, qui est l'horizon. Ce principe ne peut être trop répété.

Pour déterminer l'ombre portée d'une ligne verticale sur un plan horizontal et un plan vertical.

Fig. 140. Soit MN la ligne verticale donnée.

Du point T et par le point N faire passer une ligne qui donne le point N' à sa rencontre avec la base du mur: du point S et par le point M faire passer une ligne qui donne M' à sa rencontre avec une verticale élevée du point N' : NN'M' est l'ombre demandée.

Pour déterminer la partie éclairée d'une poutre fuyante placée horizontalement : cette poutre est adhérente au mur qui est dans l'ombre, duquel elle s'avance vers le dessinateur.

Fig. 140. Soit EJRO la poutre donnée.

Des points J et E mener des horizontales jusqu'à l'arête du mur, ce qui donne les points I et H; du point T et par le point I faire passer une droite qui donne I', à la rencontre de la poutre; du point I' abaisser une verticale, qui est la séparation du clair et de l'ombre.

Pour déterminer l'ombre portée d'un arbre sur le terrain perspectif.

Fig. 140. Soit donné l'arbre LXY.

Du point T et par le point Y, base de l'arbre, faire passer une ligne droite, sa rencontre avec une autre ligne menée du point S et par le point X donne X' pour extrémité de l'ombre; si de S et par le point L on mène une autre ligne, on aura la longueur totale de l'ombre portée par l'arbre.

Les rayons lumineux passant à travers l'ouverture d'une porte doivent en déterminer la forme sur le terrain horizontal.

Fig. 141. Soit donnée l'ouverture d'une porte KMNZ. Pour obtenir la forme exacte du clair que produit l'ouverture de cette porte, du point T et par les points K et Z faire passer des lignes indéfinies; du point S et par le point M faire passer une ligne qui donne J à sa rencontre avec TK prolongé; de J mener une horizontale JO, qui termine la forme du clair sur le terrain perspectif. Ensuite, du point T' et par le point N, mener la ligne NL, qui détermine l'ombre portée du dessous de la porte sur son mur d'épaisseur.

Remarque. — Le point K est en dehors du mur et le point Z en dedans.

Pour déterminer l'ombre portée d'un mur de face sur un mur fuyant et sur le terrain horizontal, le mur de face étant plus élevé que le mur fuyant.

Fig. 141. Soient donnés le mur de face AB, et le mur fuyant CD.

Du point C élever une verticale qui donne le point A; du point T' et par le point A faire passer une ligne qui donne A' et A"; comme la ligne A'A" ne peut, faute d'espace, déterminer l'ombre du mur sur le terrain, il faut aviser à un autre moyen; par exemple, on prolonge la verticale IY jusqu'au haut du mur en V; des points TI et SV faire passer des droites et les prolonger jusqu'à ce qu'elles se rencontrent, elles donneront V'; par ce point mener une horizontale, qui est la limite de l'ombre portée du mur vu horizontalement.

Pour déterminer l'ombre portée d'un cylindre ou d'une portion de colonne.

Fig. 142. Soit I H M L le cylindre donné.

Il faut placer à volonté, sur la surface verticale, plusieurs lignes verticales comprises dans la hauteur du cylindre, telles que CJ, DO et HN, puis trouver l'ombre portée de chacune de ces verticales, ce qui donne les points C', D' et H', puis joindre ces points par une ligne courbe qui termine l'ombre portée.

Remarque. — Plus l'on prendra de verticales sur la surface du cylindre, plus l'on obtiendra de points pour faire passer la courbe de l'ombre portée.

Pour déterminer l'ombre portée d'un bâton ou d'une ligne droite horizontale sur un mur fuyant.

Fig. 142. Soient donnés les bâtons ZE et HB.

C'est toujours sur la verticale élevée du point de fuite du mur que doit se trouver le point du pied de la perpendiculaire abaissée de l'astre servant à déterminer la direction des ombres portées, les lignes partant de ce point devant glisser sur le mur; ainsi, si le mur tend au point P comme celui sur lequel est placé le bâton ZE, c'est au point T', qui est sur la verticale élevée de P, que doit être dirigée l'ombre de ce bâton; si le mur tend à un autre point quelconque de l'horizon, par exemple au point A, c'est sur la verticale élevée de ce point A que devra se trouver le point T'', qui doit déterminer la direction de l'ombre portée du bâton HB, et ainsi de suite; il y aurait autant de points T, pied de la perpendiculaire abaissée de l'astre, qu'il y aurait de points de fuite des murs fuyants. Les lignes partant du point S déterminent la longueur des ombres portées de ces bâtons.

Remarque. — Pour bien se rendre compte de cette figure, il faut la placer de manière que PT' devienne ligne horizontale, et la considérer comme ligne d'horizon ; dans ce cas, on considérera ZE comme une figure humaine, et ZE', son ombre portée, s'obtient comme l'ombre portée de la figure humaine BO, pl. XXIII, fig. 138.

Quant à l'ombre portée de la ligne HB, cette figure étant toujours censée verticale, on l'obtiendra de même que l'ombre portée de NM sur un plan incliné, fig. 138.

En changeant les figures de position, c'est-à-dire de verticales en les plaçant horizontales, *et vice versa*, on s'aide quelquefois beaucoup pour comprendre les opérations et s'en rendre compte.

Pour déterminer l'ombre portée d'un appui-mur ou contre-fort.

Fig. 142. Soit donné le contre-fort VRX.

Du point T et par le point X faire passer une ligne qui donne X' à la rencontre de la base du mur; de ce point élever une verticale, et du point S et par le point R faire passer une ligne qui, à sa rencontre avec la verticale élevée de X', donne R'; joindre ce point avec le point V, ce qui termine l'ombre portée.

Le point R aurait pu être obtenu encore d'une autre manière, en menant la ligne horizontale RI, et en obtenant son ombre de même que celle de la ligne ZE.

Pour déterminer l'ombre portée d'un demi-cercle vertical et vu de face, sur un plan horizontal, sur un plan vertical et sur une portion de voûte en berceau.

Fig. 143. Soit donné le demi-cercle ANX; l'astre est placé au point S.

Du point S, centre de l'astre, abaisser une verticale qui donne le point T à sa rencontre avec la ligne d'horizon; pour trouver l'ombre du point A, du point S et par le point A faire passer une ligne qui donne A' à sa rencontre avec une ligne TO prolongée, le point A' est l'ombre du point A, et la ligne OA' est l'ombre portée de OA; joindre les points O et C par une horizontale, prendre à volonté sur le cercle un point M, et de ce point abaisser une verticale jusqu'à la rencontre de OC, ce qui donne le point B; du point T et par ce point B faire passer une ligne jusqu'à la rencontre d'une ligne menée du point S et par le point M, ce qui donne le point M' : ce point est un des points de l'ombre portée de la courbe sur le terrain horizontal. Pour les points qui portent ombre sur le mur vertical, par exemple le point N, de ce point abaisser une verticale, elle donne le point H à sa rencontre avec OC; du point T et par le point H faire passer une ligne, qui, à sa rencontre avec la base du mur, donne le point H'; de ce point élever une verticale jusqu'à la rencontre d'une ligne menée du point S et par le point N, ce qui donne N'; et ainsi de suite pour obtenir le point Z' et tout autre point semblable. Pour trouver le point X, commencement de l'ombre de la courbe sur la voûte en berceau, il faut joindre le point P au point S, ce qui donne géométralement l'inclinaison des rayons lumineux, puis mener

RV parallèle à cette ligne; la ligne RV doit être tangente au demi-cercle, c'est-à-dire ne le toucher qu'en un seul point qui s'appelle point de contact. Pour trouver le point de contact qui doit être le point X, il faut du point I, centre du demi-cercle, mener une ligne qui fasse angle droit avec la ligne RV; leur intersection est le point X, commencement de l'ombre; faire passer l'ombre portée du demi-cercle par les points XN' M' et A', ce qui termine la totalité de l'ombre portée.

Pour déterminer, sur un toit ou plan incliné vu de profil, l'ombre portée d'un bâton ou d'une ligne verticale.

Fig. 144. Soit donné le bâton AB.

Du point P et par le point A, base du bâton donné, faire passer une ligne jusqu'à la ligne d'extrémité de l'inclinaison du toit, ce qui donne le point O, duquel point il faut mener une horizontale qui rencontre en M la ligne TA prolongée; AM partant de T serait la direction de l'ombre du bâton AB si le plan était horizontal; mais comme il est incliné, il faut donc que l'ombre portée suive cette inclinaison. Pour cela il faut élever de M une verticale qui donne N à sa rencontre avec la ligne d'extrémité du toit ou plan incliné; la ligne MN est plus ou moins grande, suivant que le toit est plus ou moins incliné; joindre le point N au point A par une droite, qui sera la direction de l'ombre portée sur le toit; pour en déterminer la longueur, du point S et par le point B faire passer une ligne jusqu'en C; AC est l'ombre portée de AB.

Pour déterminer l'ombre portée par une pyramide.

Fig. 144. Soit donnée la pyramide RKE.

Du point T et par le point I, centre de la base, faire

passer une ligne qui donnera E' à sa rencontre avec la ligne SE prolongée; E' est l'ombre portée de E. Joindre les points K E' R, qui limitent l'ombre portée par la pyramide.

PLANCHE XXV.

Dans quel cas un mur vu en fuite ne peut être éclairé par le soleil ou par la lune.

Fig. 145. Lorsque la verticale abaissée du soleil tombe entre un mur et son point de fuite, ce mur ne peut pas être éclairé par le soleil. Car si l'on suppose ce mur prolongé jusqu'à l'horizon, le soleil se trouve derrière lui. Ainsi, le mur HI ne peut être éclairé par le soleil, puisque la perpendiculaire ST se trouve entre lui et son point de fuite P; mais, par la même raison, le mur CB est éclairé.

Un mur ne peut donc être éclairé du soleil que lorsqu'une verticale abaissée de cet astre dépasse son point de fuite.

Lorsque le soleil se trouve en face de la verticale élevée du point de fuite, il glisse sur le mur et l'éclaire très-peu; alors les objets même peu saillants qui sont sur ce mur portent ombre jusque sur le terrain perspectif.

Fig. 146. Le dessous d'un plan horizontal, tel que le dessous d'une avance et d'une corniche, ne peut jamais être éclairé par le soleil, si élevé que soit l'édifice et si près de l'horizon que se trouve le soleil, attendu que les lignes de fuite d'un plan horizontal tendent toujours à l'horizon, tandis que le soleil est dans l'espace au-dessus de l'horizon; il en est de même pour la lune.

Lorsque le soleil est arrivé à l'horizon, les ombres se prolongent indéfiniment; il suffit, pour les obtenir, de mener du centre de l'astre S et par les points A et B des lignes indéfinies AA' et BB'. — Je ferai observer que ces rayons qui limitent l'ombre sont tangents aux deux angles opposés A et B.

Pour déterminer, sur un toit ou plan incliné vu en fuite, l'ombre portée d'un bâton ou ligne verticale.

Fig. 147. Soit donné le bâton OA.

Il faut d'abord trouver le point de fuite P' du toit que l'on obtient en prolongeant la ligne BV jusqu'à la rencontre de la verticale élevée de P. De P' mener une horizontale jusqu'à la rencontre de la verticale abaissée du soleil, et l'on obtient le point T', pied de la perpendiculaire abaissée du soleil; ce point doit déterminer la direction de l'ombre portée des verticales sur le toit. Donc de T' et par le point O on fera passer une ligne indéfinie; puis du point S et par le point A on en mènera une autre, qui donne le point A' et détermine l'ombre portée.

POUR DÉTERMINER LES OMBRES PORTÉES, LE POINT DE FUITE DES RAYONS LUMINEUX ÉTANT INACCESSIBLE.

Pour déterminer l'ombre portée des objets, le soleil étant devant le spectateur, mais en dehors du tableau, et le tableau ne pouvant être prolongé. Obtenir un point qui fonctionne pour l'astre et donne le même résultat.

Fig. 147. Soit donné MC'' pour ombre portée de la ligne MC.

Prolonger C''M jusqu'à l'horizon, ce qui donne T; de ce point élever une verticale; puis de C'' et par le point C faire passer une droite, qui, ne rencontrant pas la verticale élevée de T dans le tableau, nous fait voir que le soleil se trouve en dehors; le point de fuite des rayons lumineux se trouvant inaccessible, il faut trouver un point de fraction de la hauteur de l'astre, la demi-hauteur, par exemple, que je marque par S/2; dans ce cas, diviser CM en deux parties égales, ce qui donne C'; de C'' et par C' faire passer une ligne qui donne S/2 à sa rencontre avec la verticale élevée de T. Ce point servira à remplacer l'astre inaccessible pour mener les rayons lumineux qui déterminent la longueur des objets.

Pour déterminer l'ombre portée d'une ligne verticale sur le terrain horizontal.

Fig. 147. Soit donnée la ligne verticale BE.

Comme le centre de l'astre est un point inaccessible, il faut diviser BE en deux parties égales, ce qui donne B'; du point S/2 et par le point B' faire passer une ligne et la prolonger jusqu'à la rencontre de la ligne TE prolongée, ce qui donne B''; ce point est l'ombre portée de B. On obtiendra de même l'ombre portée de toute verticale sur un plan horizontal.

Pour déterminer l'ombre portée d'une ligne verticale sur un plan incliné.

Fig. 147. Soit donnée la ligne AO.

Il faut obtenir, comme précédemment, le point T', puis mener de ce point la ligne OA', direction de l'ombre portée; pour en déterminer la longueur, de A mener une ligne au point T et la diviser en deux parties égales, ce qui donne A/2. De ce point mener une ligne au point S/2, et mener de A la ligne AA' parallèle à S/2 A/2, ce qui donne le point A' pour ombre portée du point A, et termine l'ombre portée de AO.

De la troisième position du soleil ou de la lune. L'astre se trouve derrière le dessinateur ou en avant des objets.

Principe. — L'ombre portée d'une ligne verticale sur un plan horizontal va concourir à un point de fuite qui est à l'horizon, parce que sa position est d'être horizontalement; sa direction dépend de la place qu'occupe l'astre.

Lorsque le soleil est ainsi placé, comme dans le cas précédent, ses rayons sont parallèles fuyants, et comme tels ils doivent se réunir en un point de concours qui est devant le dessinateur. Ce point est autant au-dessous de l'horizon que le soleil en est au-dessus.

Pour déterminer l'ombre portée d'un édifice, celle d'une figure humaine étant obtenue.

Fig. 148. Soient donnés l'édifice CHEVG, et BA' l'ombre portée de la figure AB.

Il faut prolonger la ligne de l'ombre BA' jusqu'à l'horizon, ce qui donne le point T; ce point est *le point de fuite de l'ombre portée par les lignes verticales qui sont placées sur le plan horizontal;* du point A, sommet de la tête de la figure donnée, et par le point A' faire passer une ligne jusqu'à la rencontre d'une verticale abaissée du point T, ce qui donne le point N : ce point est autant au-dessous de l'horizon que le soleil en est au-dessus. Je le désigne sous le nom de *point de fuite des rayons solaires.*

Du point E abaisser une verticale qui donne I à la rencontre de la ligne CG; des points C, I et G mener des lignes au point T, et des points H, E et V des lignes au point N, ce qui donne les points H', E' et V'; mener les lignes H'E' et E'V' : CH'E'V'G est l'ombre de CHEVG.

Pour terminer l'ombre passant derrière la maison, du point V' mener une horizontale V'V".

Pour déterminer sur un toit ou plan incliné l'ombre portée par une verticale.

Fig. 148. Soit donnée la verticale XR.

Des points P et T élever des verticales indéfinies; prolonger la ligne HE, ce qui donne P', point de fuite du toit ou plan incliné; du point P' mener une horizontale qui donne T' à la rencontre de la verticale élevée du point T; T' est le point de fuite de l'ombre portée par les verticales qui se trouvent placées sur le toit : du point T' mener une ligne au point R, et du point X mener une ligne au point N, ce qui donne X'; RX' est l'ombre portée de RX.

Remarque. — Pour trouver le point de fuite des verticales placées sur un plan quelconque, il faut d'abord trouver la ligne de fuite de ce plan; lorsque cette ligne est déterminée, sa rencontre avec la verticale qui passe par le point T donne le point de fuite demandé T'.

Pour déterminer, sur un plan horizontal et un plan vertical, l'ombre portée par une verticale.

Fig. 148. Soit DJ la verticale donnée.

De J mener une ligne au point T; sa rencontre avec le mur donne le point J', duquel on élève une verticale jusqu'à la rencontre d'une ligne menée de D en N, ce qui donne D'; JJ'D' est l'ombre portée de DJ.

Pour trouver l'ombre portée par un arbre.

Fig. 148. Soit donné l'arbre KYM.

Du point Y, pied de l'arbre, mener une ligne au point T; puis, des points M et K, des lignes tangentes à l'arbre et allant tendre au point N, point de fuite des rayons lumineux; leur rencontre avec T et Y déterminera les points M' et K', qui limitent la longueur de l'ombre portée par cet arbre.

Pour déterminer l'ombre portée par un édifice sur le terrain horizontal et sur un mur vertical.

Fig. 149. Soit RHE l'édifice donné.

Du point R mener une ligne au point T, sa rencontre avec la base du mur donne le point R'; de ce point élever une verticale jusqu'à la rencontre d'une ligne menée du point H au point N, point de fuite des rayons lumineux, ce qui donne le point H'; joindre ce point avec le point E, ce qui termine l'ombre portée.

Pour trouver l'ombre portée par un escalier sur le terrain horizontal et sur le mur vu de face.

Fig. 149. Soit ABM le profil de l'escalier.

Du point M mener une ligne au point T, et de B une ligne au point N, ce qui donne, à leur rencontre, le point B'; de ce point mener une ligne au point P; elle rencontre le mur au point I; joindre le point P au point N, la ligne PN est l'inclinaison géométrale du rayon solaire; et du point I mener une parallèle à cette ligne, ce qui, à la rencontre d'une ligne menée du point O en N, donne O'; de ce point élever une verticale, et de A mener une ligne en N, ce qui donne A'; joindre A'V par une droite qui doit être parallèle à PN.

Remarque. — Si l'on fait passer une ligne par les points B et A, et qu'on la prolonge jusqu'au point S, intersection de cette ligne avec une verticale élevée du point V, que l'on joigne le point S avec le point I, cette ligne doit passer par le point V'.

Autre remarque. — Les ombres portées sur un plan vertical vu de face par les lignes horizontales fuyantes qui tendent au point P, sont parallèles à la ligne géométrale des rayons solaires PN.

Pour déterminer l'ombre portée d'une ligne verticale sur un plan incliné, le point de fuite de ce plan étant inaccessible.

Fig. 149. Soit CJ la ligne verticale donnée.

D'un point J, pris à volonté, mener une ligne au point P, ce qui donne L à la rencontre de l'arête des murs; de L mener une ligne horizontale, et de J une ligne au point T; leur intersection donne J', par lequel point on fera passer une verticale qui est l'ombre portée de JC sur le mur de face du fond; joindre les points C et C' par une ligne droite qui limite l'ombre portée sur le plan incliné.

Pour déterminer, sur un mur vu de face, l'ombre portée d'un bâton qui est placé horizontalement et vu en fuite.

Fig. 149. Soit donné le bâton KX.

Du point K mener une ligne parallèle à la ligne géométrale PN, puis de X une ligne au point N, ce qui détermine X' et termine l'ombre portée.

Pour déterminer l'ombre portée d'une porte.

Fig. 150. Soit BAC la porte qui doit projeter une ombre sur le terrain perspectif et sur un mur, et soient donnés les points N et T.

Du point B mener une ligne au point T, ce qui donne le point B' à la rencontre de la base du mur; de ce point élever une verticale, et du point A mener une ligne au point N, point de fuite des rayons lumineux; l'intersection de ces deux lignes donne le point A'; joindre ce point avec le point C : BB'A' est l'ombre de BA, et A'C est l'ombre de AC.

Pour trouver l'ombre portée d'une ligne ou bâton placé horizontalement sur un mur vertical tendant à un point de fuite quelconque de l'horizon.

Fig. 150. Soient donnés les bâtons DE et KI.

Du point P, point de fuite du premier mur fuyant, abaisser une verticale, et du point N, point de fuite des rayons lumineux, mener une horizontale, ce qui donne T'; du point D mener une ligne au point T', et du point E mener une ligne au point N; l'intersection de ces lignes donne le point E'; DE' est l'ombre portée de DE.

L'ombre portée du bâton ou ligne horizontale KI s'obtient de la même manière; seulement il faut observer que le point T'', qui détermine la direction de l'ombre portée KI', est placé sur la verticale abaissée du point A, qui est le point de fuite du mur sur lequel est placé le bâton KI.

Remarque. — Il doit y avoir autant de points T qu'il y a de directions différentes aux murs fuyants sur lesquels sont placés les bâtons qui portent ombre.

Pour trouver, sur le terrain perspectif et sur un mur fuyant, l'ombre portée par un bâton placé verticalement.

Fig. 150. Soit donné le bâton RS.

Du point R mener une ligne au point T, ce qui donne R' à sa rencontre avec la base du mur; de ce point élever une verticale, et du point S mener une ligne au point N, ce qui donne le point S'; RR'S' est l'ombre portée de RS.

Pour déterminer l'ombre portée par l'avance du toit d'une tour carrée sur cette tour.

Fig. 150. Soient données une tour carrée, et l'avance XZY qui la circonscrit.

Prolonger la ligne fuyante ID, intersection du toit et de la tour, jusqu'au bord de l'avance ZX, ce qui donne le point U; de ce point mener une ligne au point T' qui est sur la verticale abaissée du point P, point de fuite de cette tour; la rencontre de la ligne UT' avec l'arète de la tour donne le point U'; par ce point mener les lignes U'Y' et U'X', qui détermineront l'ombre demandée.

PLANCHE XXVI.

Pour déterminer l'ombre portée par un demi-cercle vertical vu de face, sur un mur vu de face et sur une voûte en berceau.

Fig. 151. Soient donnés le demi-cercle ADL et le point N, point de fuite des rayons lumineux.

Du point B mener une ligne au point T, ce qui, à la rencontre de la ligne IG, donne B'; de ce point élever une verticale, et de A mener une ligne au point N, leur rencontre donne A'; de ce point mener une horizontale indéfinie, et prendre la grandeur du rayon JH et la reporter de A' en R; du point R comme centre, décrire l'arc A'UV; cet arc de cercle est l'ombre portée du demi-cercle sur le mur de face.

Pour la partie de l'ombre qui se trouve sur la voûte en berceau, joindre les points P et N par une ligne qui est l'inclinaison géométrale des rayons solaires, puis mener la ligne EF parallèle à PN; cette ligne doit être tangente au demi-cercle ADL. Pour trouver le point de contact du point C, centre du cercle, mener une ligne qui fasse angle droit avec EF; le point de rencontre ou de contact X est le point où doit commencer l'ombre. Ensuite prendre plusieurs points sur la courbe, et de l'un de ces points, du point D, par exemple, mener une ligne DO parallèle à PN ou bien à EF, ce qui est la même chose; du point O mener une ligne au point P, et du point D une ligne au point N; leur rencontre donne le point D', point par lequel doit passer l'ombre portée du cercle sur la voûte en berceau. On obtiendra de même autant de points que l'on voudra pour limiter l'ombre portée, puis on tracera la courbe VD'D'''X.

Pour déterminer l'ombre portée par l'ouverture d'une porte rectangulaire sur un mur vu de face.

Fig. 151. Soit donné ZMKQ pour l'ouverture de la porte.

Du point Z mener une ligne au point T; cette ligne donne le point Z', à la rencontre de la base du mur; de ce point élever une verticale, et de M mener une ligne au point N, ce qui donne M'; de ce dernier point mener une horizontale. Pour déterminer l'ombre portée KY au-dessous de l'ouverture de la porte sur un des côtés de son épaisseur, du point P abaisser une verticale et de N mener une horizontale, ce qui donne T'; du point K mener une ligne au point T', elle détermine l'ombre portée KY.

Pour déterminer l'ombre portée d'un demi-cercle vertical vu de face, sur un mur fuyant et sur une voûte en berceau.]

Fig. 152. Du point A mener une ligne au point T, ce qui donne A', à la rencontre de la base du mur; de ce point élever une verticale, et de R mener une ligne au point N, point de fuite des rayons lumineux, ce qui donne R' pour ombre portée de R. Joindre les points P et N par une ligne qui est l'inclinaison géométrale des rayons solaires, et prendre à volonté sur la courbe donnée un point M; de ce point mener une parallèle à PN, ce qui donne le point H; de ce dernier point mener une ligne en P, et de M une ligne en N; leur rencontre donne le point M', point de l'ombre portée de la courbe donnée. Prendre de même autant de points que l'on voudra, ensuite mener une ligne EF tangente au cercle et parallèle à PN; du point C, centre du cercle donné, mener une ligne qui fasse angle droit avec EF, ce qui donne le point de contact X; l'ombre du demi-cercle sur la voûte en berceau commence à ce point.

DES OMBRES PORTÉES PAR DES LUMIÈRES ARTIFICIELLES.

La partie qui éclaire, ou foyer des corps lumineux artificiels, étant presque toujours plus petite que les objets éclairés, et se trouvant presque toujours très-près de ces objets, les rayons n'arrivent plus parallèlement entre eux, ce qui produit des ombres d'autant plus divergentes que le corps lumineux est moins considérable et qu'il est plus près de ces mêmes objets.

J'ai dit que pour déterminer les ombres portées produites par le soleil ou la lune, il fallait deux points, dont l'un est le foyer lumineux, et l'autre le pied d'une perpendiculaire abaissée de ce foyer lumineux sur la ligne de fuite du plan sur lequel est placé l'objet dont on veut tracer l'ombre portée.

Pour déterminer l'ombre portée produite par des lumières artificielles, il faut aussi ces deux points; l'un est toujours le foyer de la lumière, et l'autre le pied d'une perpendiculaire menée de la lumière sur le plan de l'objet qui reçoit l'ombre. C'est ce pied de la perpendiculaire abaissée de la lumière sur un plan qui détermine la direction des ombres portées sur ce plan.

Pour déterminer l'ombre portée d'une table, le foyer de la lumière étant donné.

Fig. 153. Soient donnés la table ABDE et le foyer de la lumière qui est placé au point F.

Du point F abaisser une verticale sur la table, ce qui donne le point T, pied de la perpendiculaire abaissée sur la table et servant par conséquent à trouver les ombres portées des objets placés sur cette table; de ce point mener une horizontale qui donne C à la rencontre de la table avec le mur; du point C élever une verticale, et du point F mener une horizontale, ce qui donne le point T', pied de la perpendiculaire abaissée de la lumière sur ce mur. De ce point et par le point A faire passer une ligne qui donne A', duquel il faut mener une horizontale jusqu'à la rencontre d'une ligne menée du point F et par le point B, ce qui donne B' : AA'B' est l'ombre portée par la ligne horizontale AB. Comme la ligne BD tend au point P, du point B' mener une ligne à ce point jusqu'à la rencontre d'une ligne menée du point F et par le point D, ce qui donne D' : B'D' est l'ombre portée par la ligne fuyante BD. Pour terminer cette ombre, du point D' mener une horizontale, qui donne le point E' à sa rencontre avec la base du mur, et joindre ce point avec le point E, ce qui termine l'ombre portée par la table.

Remarque. — Si l'on prolonge la ligne E'E, elle doit aller tendre au point T.

Pour déterminer, sur une porte vue de face, l'ombre portée par son embrasure.

Fig. 153. Soit donné JKK" pour ouverture de la porte.

Prolonger la ligne T'C jusqu'à l'arête de la base du mur, ce qui donne le point C'; de ce point mener une horizontale, et de T abaisser une verticale, et on aura T"; de ce point et par le point J faire passer une ligne qui donne J' à sa rencontre avec la base de la porte; de ce point J' élever une verticale qui donne K' à sa rencontre avec la ligne du sommet de la porte; joindre les points K et K'. JJ'K'K est l'ombre portée de la ligne JK.

Pour déterminer sur deux croisées fuyantes l'ombre portée par leur embrasure.

Fig. 153. Soient données les ouvertures RR" et YY" de deux fenêtres vues en fuite.

Il faut mener la ligne RY, elle rencontre une verticale élevée du point T", ce qui donne N; de ce point mener une horizontale, et du point F élever une verticale, ce qui donne le point T"', pied de la lumière : alors du point T"' et par le point R faire passer une ligne qui donne R' à sa rencontre avec la ligne du sommet de la fenêtre; de ce point abaisser une verticale R'R"', ce qui complète la limite de l'ombre portée. Pour l'autre croisée du point T"' et par le point Y faire passer une ligne qui donne le point Y'; de ce point abaisser une verticale, etc.

dre les points B'H', A'L' et H'N', et de N', mener une horizontale donnant le point M'; joindre les points M'L', ce qui termine l'hexagone supérieur de cette tour. Établir de même les hexagones intermédiaires aux différentes hauteurs de la tour, et pour lesquels on a eu soin de reproduire les mêmes lettres aux points correspondants.

Remarque. — Les côtés H'N', N'M' et M'L' n'étant pas visibles, il est inutile de les établir; ils ne servent ici que comme démonstration.

Pour mettre un octogone en perspective.

Fig. 132. Soit AB un des côtés de l'octogone.

Diviser ce côté en sept parties égales par le moyen indiqué pl. II, fig. 21. Prendre cinq de ses divisions et les reporter de A en C et de B en E. Des points C, A, B et E, mener des lignes au point P et former le carré CESN, en opérant avec la D/3; mener la diagonale CS, sa rencontre avec les lignes AP et BP donne les points M et V; de ces points mener des horizontales, elles donnent les points X, H, I et L; joindre les points BX, HZ, GL et IA, ce qui termine l'octogone.

Remarque. — Quand un côté horizontal de l'octogone est donné, si on le divise en sept parties égales et que l'on reporte cinq de ces divisions à droite et à gauche de ce côté, on aura une ligne dont la totalité sera de dix-sept parties. Si des extrémités de cette ligne totale on mène des lignes au point P, elles limiteront la largeur des côtés fuyants.

Si l'on avait donné une ligne pour former un carré dans lequel dût être contenu un octogone, il aurait

Pour déterminer l'ombre portée d'un bâton avançant du mur du fond et faisant angle droit avec ce mur.

Fig. 153. Soit donné le bâton XX'.

Du point T'' mener une ligne au point P, ce qui donne C'''; de ce point élever une verticale jusqu'à la rencontre d'une ligne menée du point F au point P, ce qui donne le point T'''', pied de la lumière sur ce mur; de ce point et par le point X faire passer une ligne jusqu'à la rencontre d'une autre ligne menée du point F et par le point X', ce qui donne X''; la ligne XX'' est l'ombre portée de XX'.

Pour déterminer l'ombre d'un bâton qui est pendu verticalement au plafond.

Fig. 153. Soit MM' le bâton qui fait angle droit avec le plafond.

Il faut d'abord trouver le pied de la lumière sur le plafond. Pour cela, on prolongera la ligne T'N, qui donne le point C'''' à la rencontre de l'arête du mur avec le plafond; de ce point mener une horizontale jusqu'à la rencontre de la verticale élevée du point F, ce qui donne le point T''''', qui est le pied de la lumière servant à déterminer les ombres sur le plafond; de ce point et par le point M' faire passer une ligne jusqu'à la rencontre d'une autre ligne menée du point F et par le point M, ce qui donne le point M'' et termine l'ombre portée de ce bâton.

Pour obtenir l'ombre portée par le bâton LL', mener la ligne T''''L', qui donne L'' à la rencontre du mur et du plafond; de ce point abaisser une verticale jusqu'à la rencontre de la ligne FL prolongée, ce qui donne L''' et termine l'ombre portée du bâton.

Pour déterminer l'ombre portée d'une verticale qui fait angle droit avec le plancher.

Fig. 153. Soit donné le bâton ZZ'.

Du point T'' et par le point Z' faire passer un ligne qui donne Z'' à sa rencontre avec la base du mur; de ce point élever une verticale jusqu'à la rencontre d'une ligne menée du point F et par le point Z, ce qui termine l'ombre de la ligne donnée au point Z'''.

Pour déterminer l'ombre portée par le battant d'une porte.

Fig. 153. Soit donné le battant d'une porte GHH'.

Du point T'' et par le point G faire passer une ligne qui donne le point G'; de ce point élever une verticale jusqu'à la rencontre d'une ligne menée du point F et par le point H, ce qui donne le point H''; joindre ce point avec le point H', et on a obtenu H''H' pour ombre de HH'; H''G'G est l'ombre de la ligne verticale HG.

Pour déterminer l'ombre portée par les bâtons sur le mur fuyant, il faut trouver le pied de la lumière sur ce mur; pour cela, de T'' mener une horizontale qui donne C'', de ce point élever une verticale, et de F mener une horizontale; elle donne T'''''', pied de la lumière; alors opérer comme sur les autres murs.

DE LA VIGUEUR DES OMBRES ET DES REFLETS.

Plus une surface est éclairée, plus les ombres qui seront portées sur cette surface seront vigoureuses.

L'ombre étant la différence d'un corps éclairé à celui qui ne l'est pas, il résulte que si la partie de la surface qui est autour de l'ombre portée est très-vivement éclairée, il y a une plus grande différence entre la partie éclairée et l'ombre portée, ce qui la fera paraître plus vigoureuse.

Moins une surface est éclairée, moins les ombres qui seront portées sur cette surface seront vigoureuses, par la raison inverse de ce que je viens d'expliquer.

L'ombre portée est aussi d'autant plus prononcée que le corps qui la produit en est plus près.

Plus les rayons qui éclairent un objet approchent du moment où ils seront perpendiculaires à cet objet, plus le corps est éclairé.

Au soleil levant ou couchant, les ombres portées par les objets sur le terrain horizontal sont très-faibles, les rayons solaires ne faisant que glisser sur le terrain, qui se trouve très-peu éclairé; ainsi, la différence entre cette partie du terrain éclairée et l'ombre portée est peu grande, ce qui est cause que l'ombre portée est peu vigoureuse; mais les rayons solaires arrivent alors à peu près perpendiculairement sur les objets qui sont placés verticalement; les ombres portées sur ces objets verticaux sont très-vigoureuses, pourvu que le soleil ne soit pas tout à fait couchant ou levant, car lorsqu'il est très-près de l'horizon, les vapeurs terrestres lui font perdre sa force de clarté.

Plus le soleil approche du midi, plus les rayons se rapprochent de la perpendiculaire au terrain horizontal, plus ce terrain se trouve éclairé; conséquemment plus l'ombre portée sur le terrain est vigoureuse.

Plus les rayons s'approchent de la perpendiculaire au terrain horizontal, plus ils s'éloignent de la perpendiculaire aux objets élevés verticalement, moins ces objets se trouvent éclairés, et moins les ombres portées dessus sont vigoureuses.

Les ombres portées sur le terrain horizontal par le soleil couchant ou levant sont très-longues, et les ombres portées sur le même terrain par le soleil approchant du midi sont très-courtes.

L'ombre portée par le soleil diminuant à mesure que le soleil monte au-dessus de l'horizon, il y a un moment où les ombres portées sont égales aux objets qui les portent, ce qui arrive lorsque les rayons solaires font angle demi-droit avec les objets.

Lorsque la lumière arrive sur un corps, ce corps la renvoie aux objets qui l'environnent; alors ces objets sont dits *éclairés par reflet*.

Plus un corps sera brillant, plus la lumière qu'il renvoie sera brillante.

Le reflet est aussi d'autant plus prononcé qu'il est plus près du corps duquel il jaillit.

DE LA RÉPÉTITION OU MIRAGE DES OBJETS SUR LES EAUX CALMES.

Les rayons de lumière qui frappent une surface polie sont réfléchis en faisant l'angle de réflection égal à l'angle d'incidence.

La répétition est toujours égale à l'objet qui l'a pu produire.

Si une ligne tombe perpendiculairement sur la surface d'une eau calme, elle s'y réfléchira dans son prolongement, et la longueur de la réflection sera égale à la grandeur de la ligne.

Les objets en se réfléchissant paraissent en sens contraire.

La répétition d'une ligne horizontale sera une ligne horizontale.

La répétition d'une ligne fuyante va tendre au même point que la ligne qu'elle réfléchit.

La réflection est toujours géométralement égale à l'objet qui l'a pu produire.

Remarque. — La réflection d'une ligne fuyante paraît plus longue que la ligne qu'elle réfléchit, par la raison que la répétion est toujours plus éloignée de l'horizon que la ligne qui la produit ; mais si l'on abaisse des verticales joignant les extrémités de la ligne réelle et de sa répétition, l'on verra que l'une et l'autre sont contenues entre des parallèles : donc elles sont de la même grandeur.

PLANCHE XXVII.

Pour déterminer la réflection d'une ligne qui est perpendiculaire à la surface de l'eau.

Fig. 154. Soit TR la ligne donnée. Le point T est l'intersection de la ligne avec la surface de l'eau.

Comme cette ligne est verticale, il faut la prolonger indéfiniment sur la surface de l'eau. Prendre la grandeur TR et la reporter de T en R' : cette grandeur sera la réflection de TR.

Pour déterminer la réflection d'une ligne qui est inclinée à la surface de l'eau.

Fig. 154. Soit FD cette ligne inclinée.

Du point D abaisser une verticale indéfinie ; prendre la grandeur DF', qui est l'espace entre le point D et la surface de l'eau, et la reporter de F' en D' ; joindre les points F et D' par une ligne qui est la réflection de FD.

Pour déterminer la réflection d'une arche de pont formée par des demi-cercles vus de face.

Fig. 154. Soit donné le demi-cercle AA'B.

Du point C comme centre, et d'un rayon égal à CA, décrire un demi-cercle qui doit rejoindre le demi-cercle donné au point B; puis, d'un rayon égal à CE, décrire un demi-cercle EE''B', qui est la réflection du demi cercle EE'B; du point C mener une ligne au point P, et de A''' mener une horizontale qui donne le point C'; du point C' comme centre, et d'un rayon égal à C'A''', décrire un demi-cercle qui termine la réflection.

Pour déterminer la répétition d'un appui-mur ou contre-fort.

Fig. 154. Soit donnée la ligne FD.

La répétition de cette ligne s'obtient de même et d'après les mêmes principes que la réflection du bâton incliné FD; seulement la ligne FF', qui a servi pour la réflection de FD, est horizontale, et pour l'appui-mur elle va tendre au point P.

Pour déterminer la réflection d'une marche d'escalier.

Fig. 154. Soit donnée la marche QXX'U''U et S.

Prolonger la ligne SQ et reporter cette grandeur de Q en S'; mener la ligne PS'U' jusqu'à la rencontre de UX prolongé, ce qui termine la réflection de cette marche; s'il y avait plusieurs autres marches, on emploierait pour toutes le même principe.

Pour déterminer la répétition d'une porte cintrée.

Fig. 154. Même principe que pour l'arche de pont : le point Q est le niveau de l'eau; par conséquent reporter QM'' de Q en M''', etc.

Pour déterminer la réflection d'un mur fuyant et de ses assises de pierre ou lignes vues en fuite.

Fig. 154. Soit donné le mur YZ.

Prolonger la ligne YY'' et la reporter de Y'' en Y', et reporter sur cette dernière toutes les divisions de la ligne YY''; puis, de tous les points mener des lignes au point de fuite de ce mur.

Pour trouver la répétition d'une pierre qui avance d'un mur.

Fig. 154. Soit GKJI cette pierre.

Du point H abaisser une verticale indéfinie; prendre les grandeurs OH et HG et les reporter de O en H'G'; du point P et par les points H' et G' faire passer des lignes jusqu'à la rencontre d'une verticale abaissée du point I, ce qui donne I'; de ce point mener une horizontale qui donne J' à la rencontre d'une verticale abaissée du point J, etc.

Remarque. — Dans la figure donnée, nous voyons K qui est le dessus de la pierre, tandis que dans la réflection nous voyons L qui en est le dessous. Ainsi, il arrive souvent que l'on voit la réflection d'objets que l'on ne peut apercevoir; par exemple, si l'on est plus élevé qu'un pont, on en voit le dessus, tandis que la réflection sur l'eau nous fait apercevoir le dessous de ce pont.

Pour déterminer la réflection d'une tour carrée surmontée d'un toit en pyramide.

Fig. 155. Des points D'', A'' et E'' abaisser des verticales indéfinies; du point P et par le point A'' faire passer une ligne qui donne le point Q; de ce point abaisser une verticale jusqu'au niveau de l'eau, ce qui donne Q'; de ce point mener une ligne au point P, elle donne, à sa rencontre avec la verticale abaissée de A'', le point R, point qui est au niveau de l'eau; prendre la grandeur RA et la reporter de R en A'; du point A' mener une horizontale A'E', et mener une ligne au point P; elle donne D' et termine la réflection de la tour.

Pour obtenir la répétition d'un toit en pyramide.

Fig. 155. Soit EADM le toit dont on veut obtenir la répétition.

Du point M abaisser une verticale indéfinie, mener les lignes diagonales ED et E'D', ce qui donne les points O et O'; prendre la grandeur OM et la reporter de O' en M'; mener les lignes M'E' et M'A', ce qui termine cette répétition.

Pour déterminer la réflection d'un toit et d'une cheminée placée dessus.

Fig. 155. Soit donné le toit GH et la cheminée JIN.

Du point E'' mener une ligne au point P, et prolonger la ligne G''K'', ce qui donne le point K''; de ce point élever une verticale, et prolonger GK, ce qui donne le point K; du point P, et par ce point faire passer une ligne, elle donne le point L; prendre la grandeur EL, et la reporter de E' en L'; de K abaisser une verticale, et de L' mener une ligne en P, ce qui donne K'; de ce point mener une horizontale K'G'; elle est la réflection de KG; ensuite prolonger la ligne IJ, elle donne les points G et H; du point G mener une ligne au point P, et de H abaisser une verticale indéfinie, ce qui donne X; de G' mener une ligne en P, sa rencontre avec la verticale abaissée de X donne X'; prendre la grandeur XH, et la reporter de X' en H'; des points I et J abaisser des verticales, elles donnent les points I' et J'; reporter IN de I' en N'; puis faire tendre la ligne N'N''' au point P, point de concours de la ligne N'', ce qui termine la réflection du toit et de la cheminée.

Pour déterminer la répétition d'un demi-cercle fuyant.

Fig. 153. Soit CBC' le demi-cercle fuyant.

Prendre à volonté sur le demi-cercle donné un point B, de ce point abaisser une verticale indéfinie, et joindre CC', ce qui donne le point B'; prendre la grandeur B'B et la reporter de B' en B''; le point B'' est la réflection du point B; obtenir de même plusieurs points, c'est-à-dire prendre à volonté un point F, abaisser une verticale indéfinie sa rencontre avec CC' donne F'; prendre la grandeur F'F et la reporter de F' en F''; le point F'' est la répétition du point F; faire passer la répétition du demi-cercle par les points C, F'', B'', F'' et C'.

Pour déterminer la réflection d'une figure humaine.

Fig. 155. Cette figure est placée au point V; du point P et par ce point mener une ligne qui donne Z; de ce point abaisser une verticale, elle donne Z' au niveau de l'eau; de ce point mener une ligne au point P, et de V abaisser une verticale, ce qui donne V', point de niveau de l'eau pour la figure; prendre la grandeur V'Y et la reporter de V' en Y'; au point Y' est la réflection du sommet de la tête de la figure.

Remarque. — A moins que les pieds de ces figures touchent au niveau de l'eau, une portion des jambes se trouve toujours cachée dans la réflection.

Remarque. — Tous les objets terrestres se réfléchissent de la même manière. Il faut premièrement trouver le niveau de l'eau, ensuite on réfléchit la hauteur du terrain, puis la hauteur des objets, ayant bien soin que chaque point se réfléchisse verticalement.

Pour déterminer la réflection d'un oiseau qui vole au-dessus de la surface de l'eau.

Fig. 155. Comme cet oiseau est dans l'espace, au point U, on peut le supposer plus ou moins élevé au-dessus de la surface de l'eau; il faut donc abaisser une verticale indéfinie du point U, prendre à volonté sur cette ligne un point U' que l'on suppose être le niveau de l'eau; cette supposition faite, prendre la grandeur U'U, et la reporter de U' en U''. Ce point donne la réflection de l'oiseau.

Pour déterminer la réflection du soleil, de la lune ou des étoiles.

Fig. 155. Soit placé l'astre au point S.

Du point S, centre de l'astre, abaisser une verticale indéfinie; prendre la grandeur TS, distance de l'astre à l'horizon, et la reporter au-dessous de l'horizon, de T en S', ce qui détermine la place où doit se répéter l'astre.

Remarque. — Donc les objets terrestres se réfléchissent en mesurant à partir du niveau de l'eau, et les objets célestes à partir de l'horizon.

RÉFLECTION OU RÉPÉTITION DES OBJETS SUR LES MIROIRS OU GLACES.

Si une ligne tombe perpendiculairement sur la surface d'un miroir plan, elle s'y réfléchira sur elle-même dans son prolongement.

Tout point qui touche la surface du miroir est à lui-même sa répétition.

Les objets qui se réfléchissent sur la surface d'un miroir apparaissent en sens contraire.

L'image de chaque point d'un objet placé devant un miroir plan, est dans la perpendiculaire abaissée de ce point au miroir.

La droite d'un objet réfléchi paraît à gauche, et la gauche à droite; l'image semble égale à l'objet, et paraît autant au delà du miroir que l'objet en est en deçà.

PLANCHE XXVIII.

VUE D'UNE FORTERESSE ET DE FABRIQUES PLACÉES IRRÉGULIÈREMENT.

J'ai réuni dans cette planche des fabriques dont les lignes fuyantes ont diverses directions, et par conséquent vont concourir à des points accidentels.

Je crois n'avoir rien omis de ce qu'il est indispensable de connaître pour dessiner d'après nature; cette première tâche terminée, je vais m'occuper d'un second volume qui traitera de la perspective appliquée à la composition des tableaux, à la distribution de la lumière, des ombres et du clair-obscur. Mes exemples seront tirés des meilleurs tableaux anciens et modernes des différentes écoles, et seront appliqués aux différents genres : portrait, histoire, genre, paysage, marine, intérieurs, fleurs, animaux, etc., etc.

FIN.

TABLE

DES MATIÈRES.

DES TOITS ET PLANS INCLINÉS.

DU CERCLE ET DU DEMI-CERCLE.

DES OGIVES.

DES PENTAGONES.

DES HEXAGONES.

DES OCTOGONES.

DES FIGURES HUMAINES.

POUR DESSINER D'APRÈS NATURE.

DE LA PERSPECTIVE DES CLAIRS ET DES OMBRES.

OPÉRATION PRATIQUE POUR DÉTERMINER LES OMBRES.

VIGUEUR DES OMBRES ET REFLETS.

DE LA RÉPÉTITION OU MIRAGE DES OBJETS SUR LES EAUX CALMES.

ORDRE DES PLANCHES.

FIN DE LA TABLE.

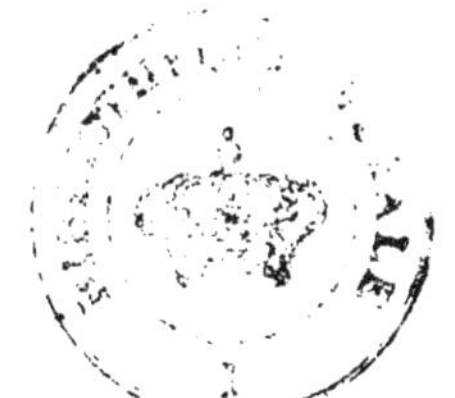

Pl. I

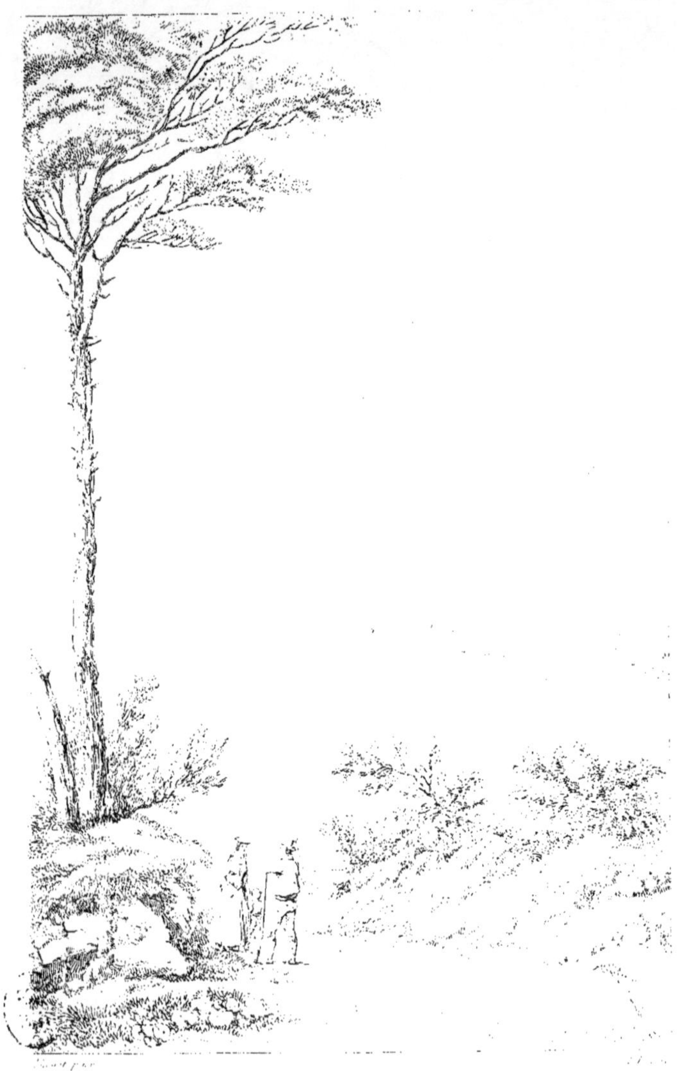

FRAGMENT D'AQUEDUC (TAÏTI)

Pl. 2

Fig. 37
Fig. 38
Horizon visuel
Horizon rationnel
Fig. 40
Fig. 39

Pl. 4

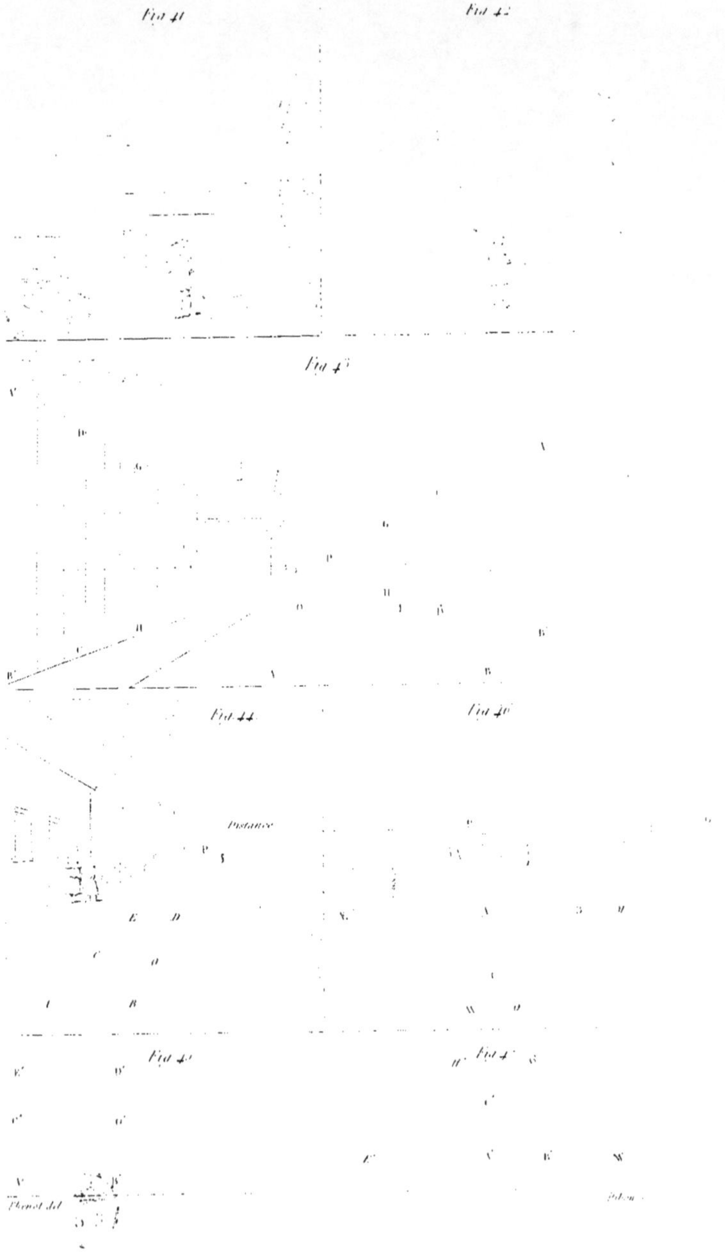

Fig. 41

Fig. 42

Fig. 43

Fig. 44

Distance

Fig. 46

Fig. 45

Fig. 47

Thenot del.

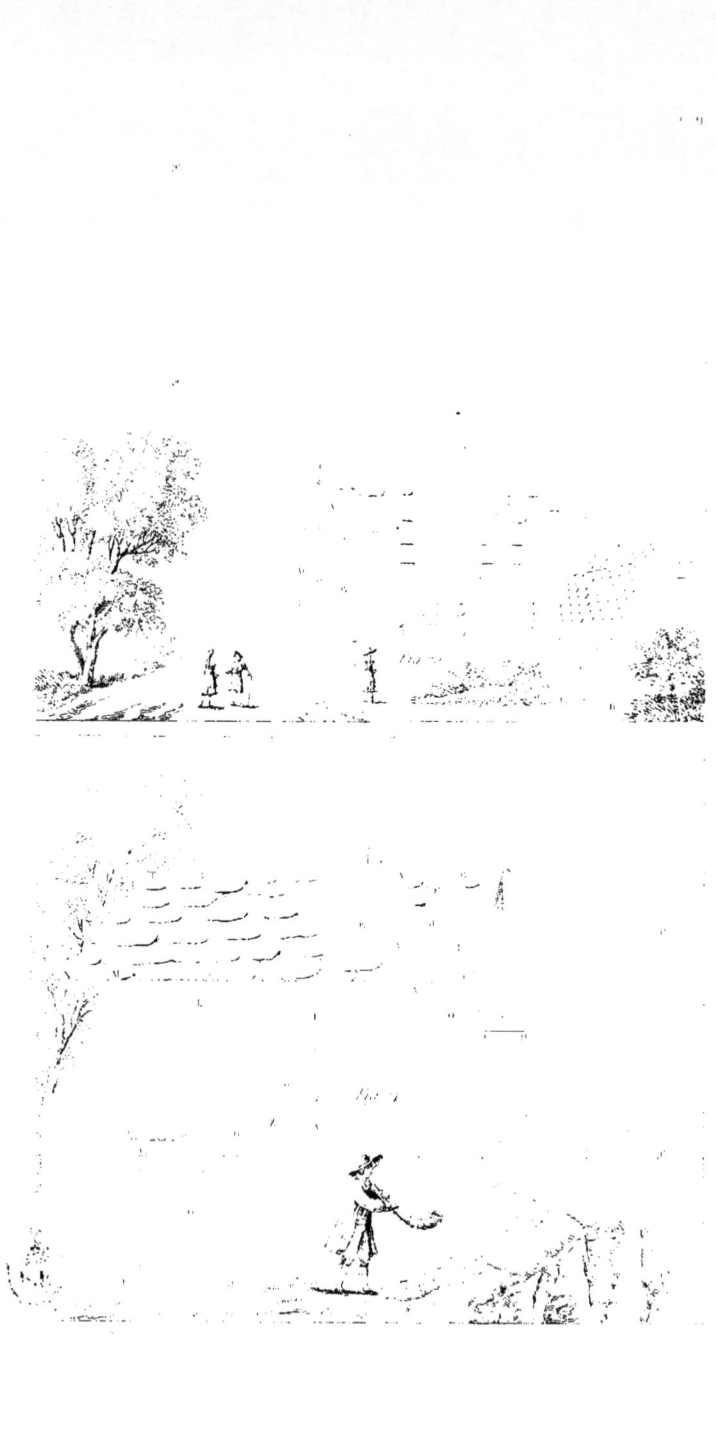

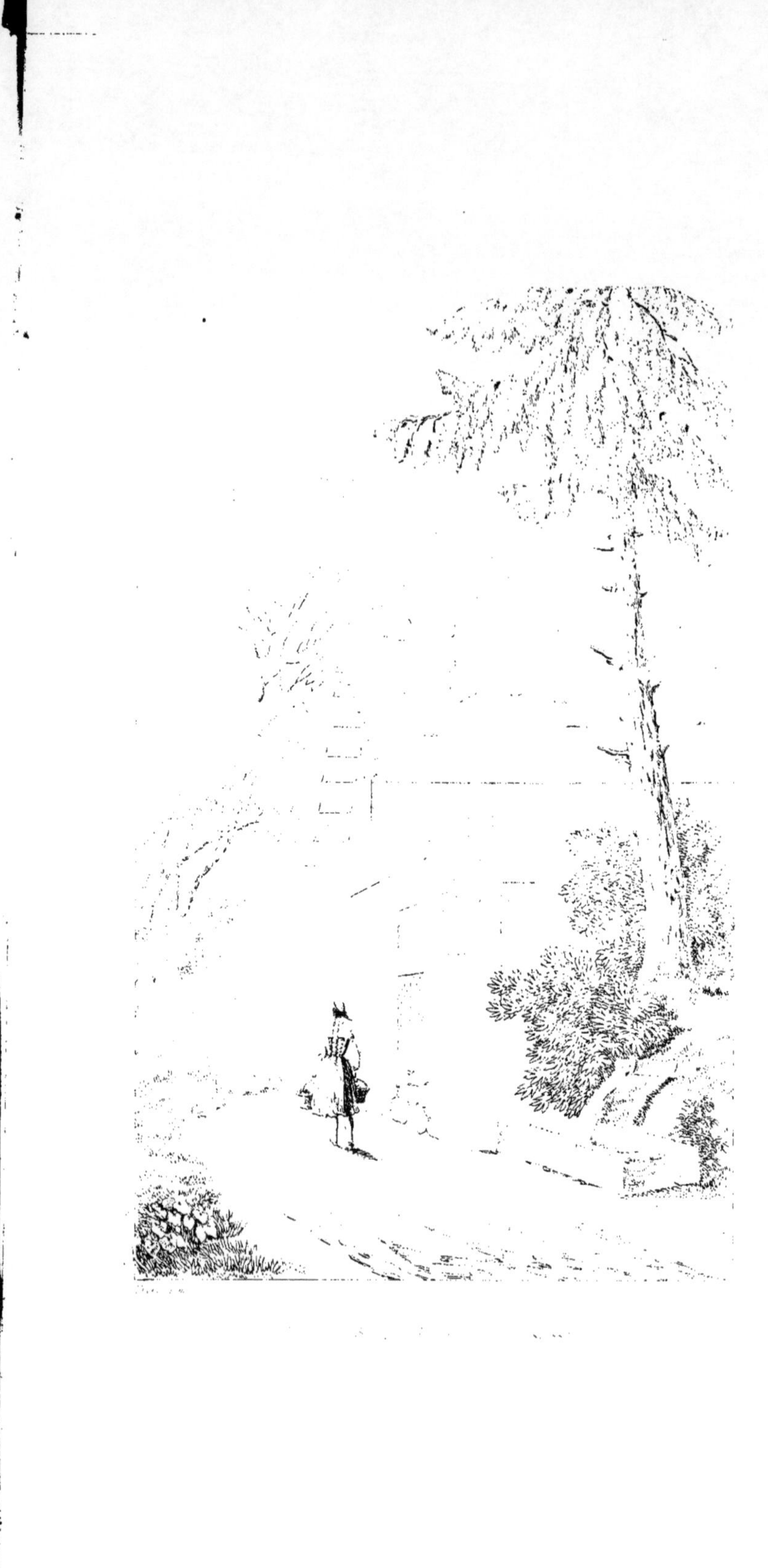

Pl. 12

Fig. 82

Fig. 83

Fig. 85

Fig. 84

Fig. 86

Fig. 87

Fig. 88

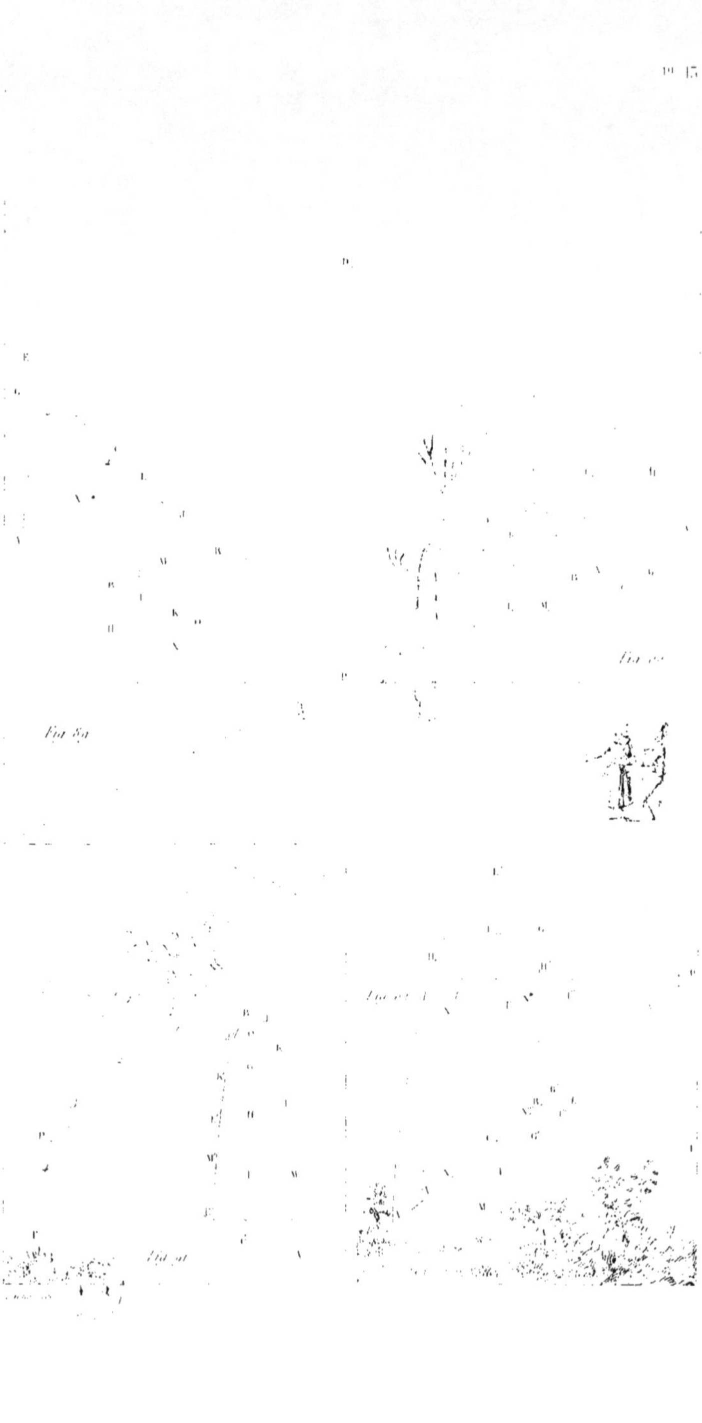

Pl. 14

Pl. 15

Pl. [illegible]

Fig. 10[illegible]

Fig. 10[illegible]

Fig. 10[illegible]

Fig. 10[illegible]

Pl 19

Fig 117

[illegible]

[illegible]

Fig 120

[illegible]

[illegible]

Pl. 21

Pl. 22

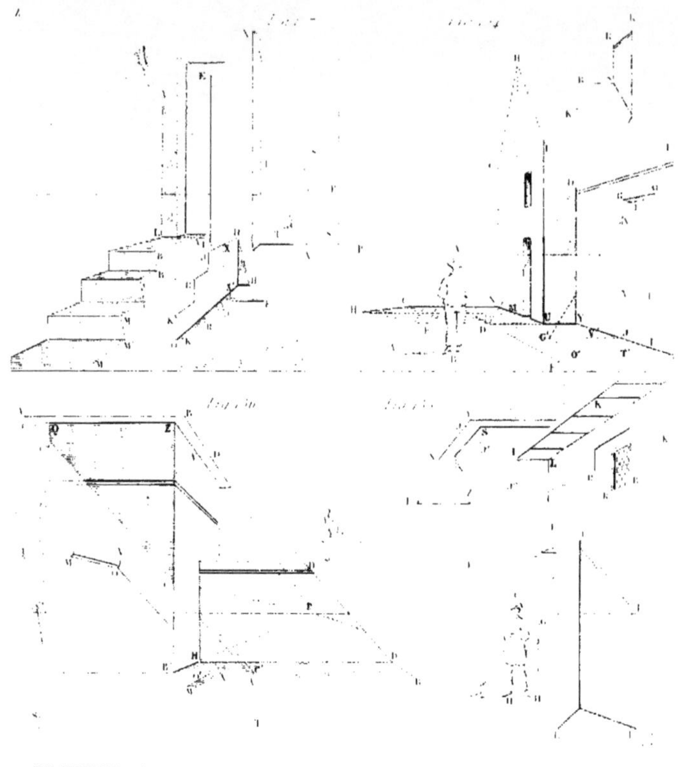

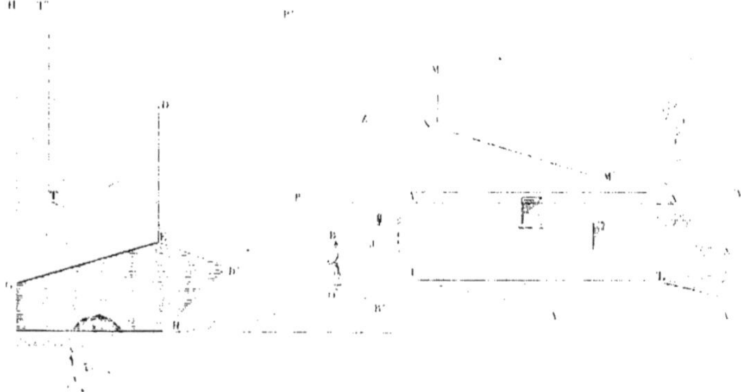

Pl. 24

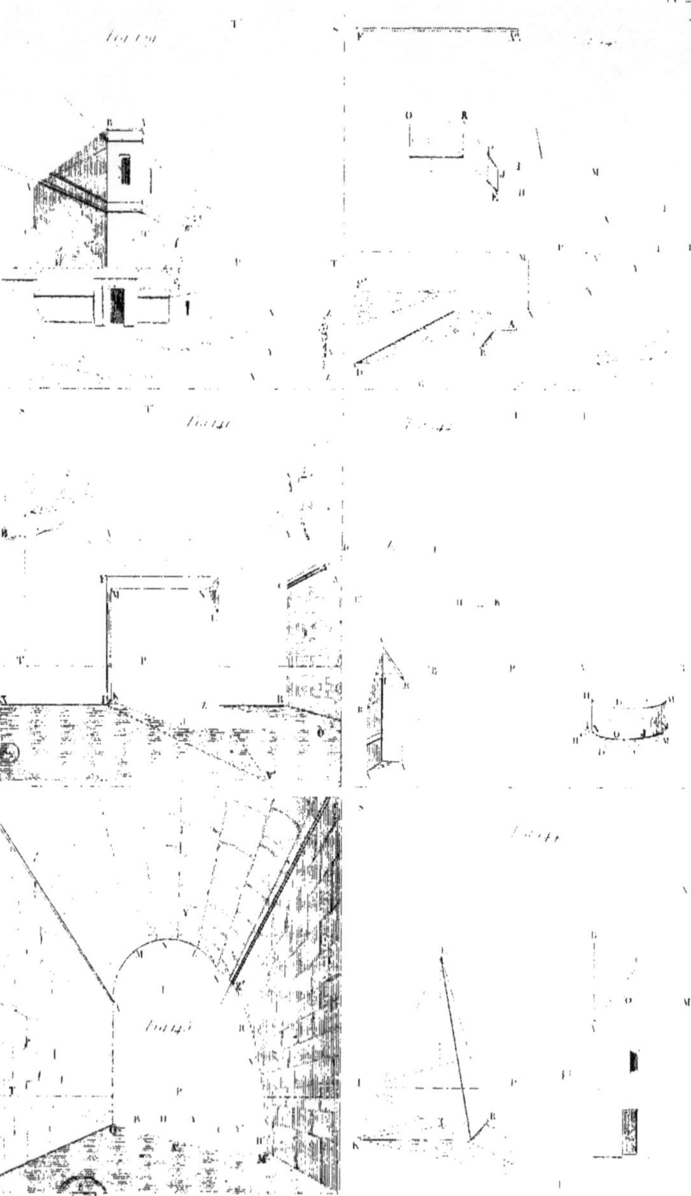

Pl. 25.

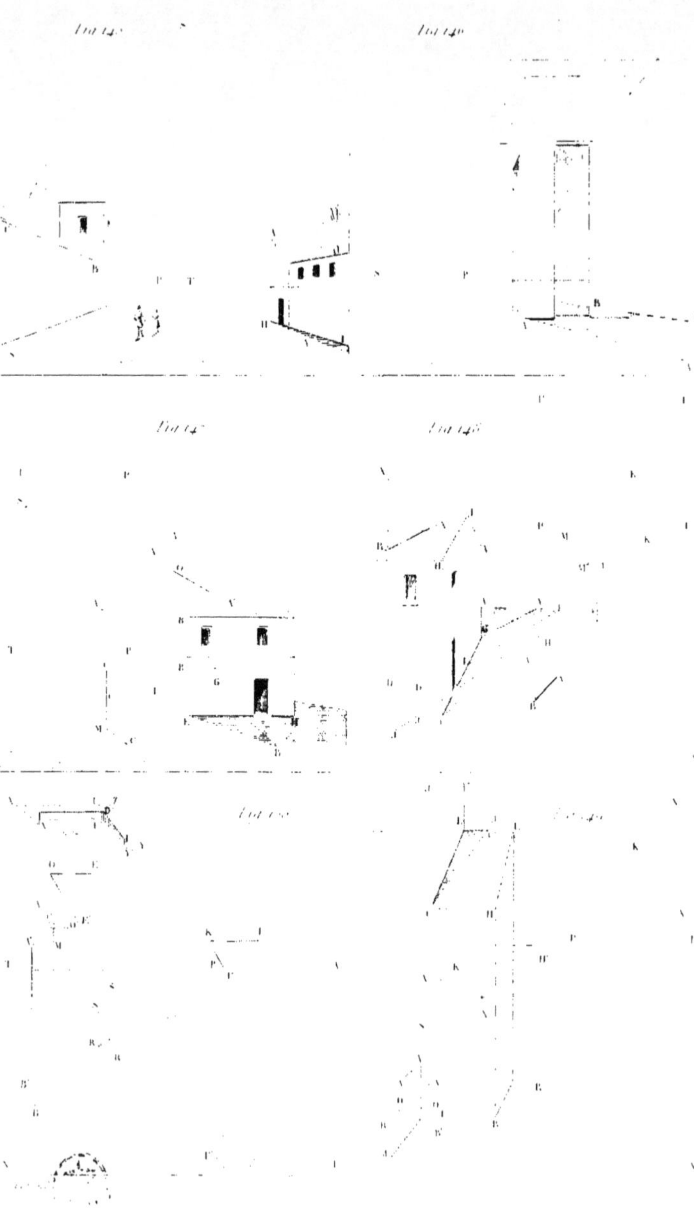

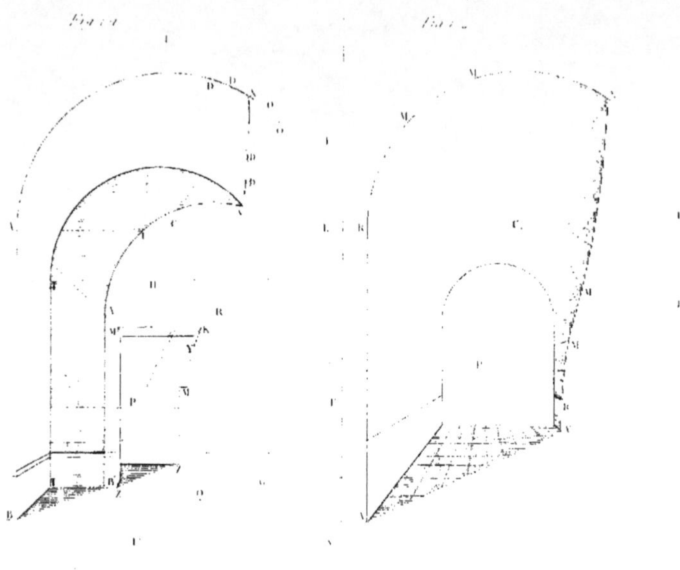

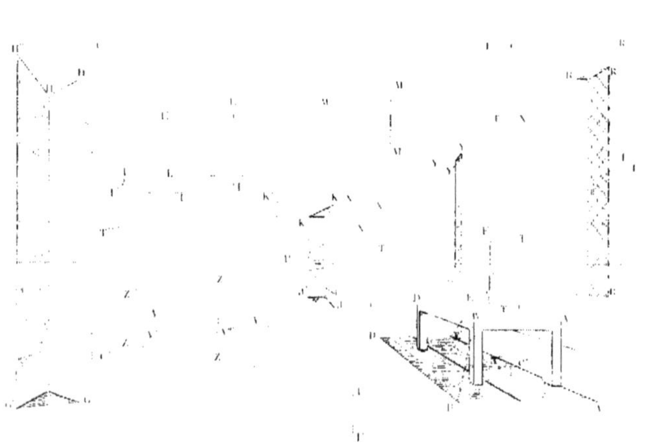

Pl. 27

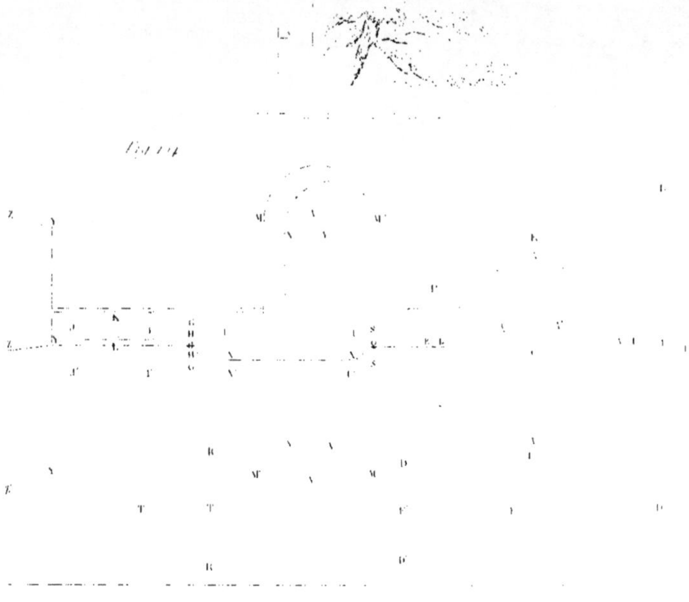

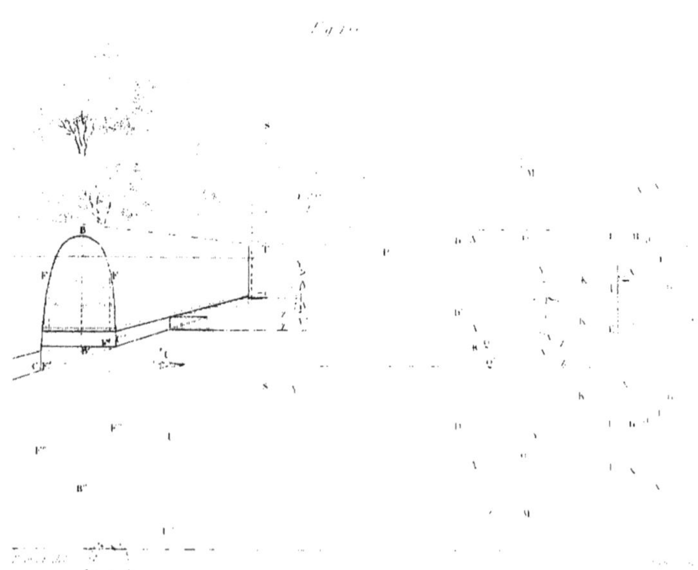

Pl. 26

VUE D'UNE FORTERESSE ET DE FABRIQUES PLACÉES IRRÉGULIÈREMENT

www.ingramcontent.com/pod-product-compliance
Ingram Content Group UK Ltd.
Pitfield, Milton Keynes, MK11 3LW, UK
UKHW021132260726
13994UKWH00001B/114